El toque de
Amor

MUÑECA GÉIGEL

El toque de
Amor

*Sanación con las manos
y tratamientos a distancia*

EDICIONES OBELISCO

Si este libro le ha interesado y desea que le mantengamos informado de nuestras publicaciones, escríbanos indicándonos qué temas son de su interés (Astrología, Autoayuda, Ciencias Ocultas, Artes Marciales, Naturismo, Espiritualidad, Tradición...) y gustosamente le complaceremos.

Puede consultar nuestro catálogo en www.edicionesobelisco.com

Los editores no han comprobado la eficacia ni el resultado de las recetas, productos, fórmulas técnicas, ejercicios o similares contenidos en este libro. Instan a los lectores a consultar al médico o especialista de la salud ante cualquier duda que surja. No asumen, por lo tanto, responsabilidad alguna en cuanto a su utilización ni realizan asesoramiento al respecto.

Colección Salud y Vida natural
EL TOQUE DE AMOR
Muñeca Géigel

1.ª edición: abril de 2013

Maquetación: *Marga Benavides Medialdea*
Corrección: *Sara Moreno*
Diseño de cubierta: *Enrique Iborra*

© 1998, Muñeca Géigel
(Reservados todos los derechos)
Publicado por acuerdo con Llewellyn Publications,
Woodbury, MN 55125, USA www.llewellyn.com
© 2013, Ediciones Obelisco S. L.
(Reservados los derechos para la presente edición)

Edita: Ediciones Obelisco S. L.
Pere IV, 78 (Edif. Pedro IV) 3.ª planta 5.ª puerta
08005 Barcelona-España
Tel. 93 309 85 25 - Fax 93 309 85 23
E-mail: info@edicionesobelisco.com

Paracas, 59 C1275AFA Buenos Aires - Argentina
Tel. (541 -14) 305 06 33 - Fax (541 -14) 304 78 20

ISBN: 978-84-9777-937-1
Depósito Legal: B-4.537-2013

Printed in Spain

Impreso en España en los talleres de Novoprint
c/ Energía, 53, St. Andreu de la Barca, 08740 Barcelona

Amado lector:

El Toque de Amor *es un potente tratamiento de Energía de Amor que utiliza las manos como canales de la energía divina. Este tratamiento carga cada célula de tu cuerpo, revitalizándola en la energía sanadora, perdonadora y prosperadora del Amor.*

Es el método más sencillo y poderoso para activar la energía divina en nosotros. Hemos reconocido que todo el mundo material es Energía Universal materializada. Nuestro cuerpo es un campo de esta energía que nos sirve como agente comunicador y receptor en el mundo físico.

Si todo es Energía Universal, es preciso manejarla y canalizarla para el bienestar de todos nosotros.

El Toque de Amor *es una herramienta poderosa para el manejo de la Energía Universal. Es un potentísimo sistema de autoayuda que también se puede utilizar para beneficio de otras personas, animales, plantas y todo lo creado.*

Te recomiendo utilizarlo con la meditación en silencio y las afirmaciones diarias de tu divinidad. El uso de estas tres herramientas te llevará a la comunión con Dios y verás como tu vida prospera y florece en todas sus áreas, en su santa presencia. Con mi Amor más profundo te dedico este libro.

19 de octubre de 1998
Miramar, Puerto Rico

Muñeca Géigel

¡El mensaje universal que transformará su vida!

¡Ahora tienes en tus manos el poder para disfrutar de una vida llena de riquezas espirituales y de bienestar material!

El Toque de Amor es un libro que nos enseña técnicas fáciles de aplicar en nuestra vida diaria para que, a través del amor y del pensamiento positivo, obtengamos felicidad, prosperidad, éxito y salud para todos.

El mensaje universal divino enseña que toda persona puede superar la naturaleza humana y lograr la libertad emocional, espiritual y mental por medio de estas seis herramientas básicas para obtener la verdadera felicidad:

- La meditación en silencio
- La respiración consciente
- El Toque de Amor
- El mapa de la prosperidad
- Las afirmaciones de la verdad
- El estudio de la verdad

Aprende a utilizar este maravilloso tratamiento de amor y descubre que tus manos funcionan como canales de esta energía divina en beneficio de personas, animales, plantas y todo lo creado. ¡Por fin estás muy cerca de disfrutar tu trasformación hacia una nueva vida!

Prefacio

¿Qué es el Arte de Ser Feliz?

5:34 a.m.
Sábado, 15 de marzo de 1997
Sabanera, Cidra, Puerto Rico

El Arte de Ser Feliz es el mensaje universal de Dios, Padre-Madre, a la nueva raza de seres superiores que está naciendo para construir un mundo nuevo, el mundo de Dios. Aquí reina su amor, su paz, su dicha y su abundancia de bienestar espiritual y material para siempre.

El Arte de Ser Feliz señala un camino hacia la Fuente de toda sanación y de vidas trasformadas a través de la unión o la comunión con Dios y con Cristo, el unigénito, el Hijo de Dios, que es cada persona que habita el planeta y todos los universos, toda la creación y todas las generaciones de todos los tiempos. Si se sigue fielmente, sin lugar a dudas este camino conducirá a la persona hacia una mejor vida y a la solución de todos sus conflictos.

Los conceptos que se exponen a continuación han sido definidos como los símbolos de El Arte de Ser Feliz:

El lirio blanco: símbolo del perdón.
La paloma blanca: símbolo de paz del Espíritu de Dios.
La rosa rosada: símbolo de la verdadera riqueza.
La piedra blanca: símbolo de Cristo, el Hijo de Dios inocente y todopoderoso.
El lucero del alba: símbolo de la luz de Cristo.

El Arte de Ser Feliz lleva a la persona a desarrollar una mentalidad milagrosa. El vehículo para lograrlo es la oración en silencio como único medio para lograr la unión con Dios y así verdaderamente perdonar y convertirse en maestro de Dios. Aquí se demuestra con su vida total que Dios, Padre-Madre, desea a todos sus hijos sin excepción felicidad y prosperidad.

El perdón es la clave de la felicidad y la prosperidad.

El Arte de Ser Feliz enseña que hemos llegado al final de los tiempos, el fin del dolor, del sufrimiento, de la escasez, de la limitación, la enfermedad y la muerte. Es el fin del mundo humano y ahora estamos en el umbral del mundo de Dios. El cielo en la tierra.

El Arte de Ser Feliz muestra el camino del Amor, de la paz, de la dicha y la abundancia que Dios le regala a cada uno de sus hijos sin excepción.

Es un mensaje universal de esperanza, consolador e inspirador que prepara a los hijos de Dios para entrar en el cielo en la tierra; la tierra prometida de belleza y oportunidades sin límites. La tierra de las bienaventuranzas.

Nos enseña que existe un solo Dios que es un Padre-Madre, que está en todas partes y quiere a todos sus hijos felices y ricos:

Hay una sola religión, la del amor.
Hay un solo lenguaje, el del corazón.
Hay una sola raza, los hijos de Dios.
Hay un solo camino, la vida de oración.

El Arte de Ser Feliz enseña que todo es espiritual. Todo es Energía Universal que vibra a diferentes frecuencias. Que el mundo material que vemos es espíritu o Energía Universal que se hace forma de acuerdo al pensamiento del Hijo de Dios. El pensamiento humano crea formas distorsionadas. El pensamiento divino crea un mundo en orden y armonía.

Nos enseña que toda persona tiene el poder de superar su naturaleza humana y lograr la libertad emocional, espiritual, mental y el total desasimiento de adicciones físicas, abandonando a su parte humana y resucitando espiritualmente para convertirse en un Cristo vivo, el Ser superior divino que realmente es, y así disfrutar en su fisicalidad del cielo en la tierra. Ha llegado el momento de vivir en la tierra glorificada. Al resucitar en el espíritu, la luz de Cristo se manifiesta en cada uno de los átomos del cuerpo vivificándolo para convertirlo en el cuerpo del Cristo, inmortal, uno con todo el universo.

El Arte de Ser Feliz ha sido entregado a Muñeca Géigel, escritora puertorriqueña. Comenzó a recibirlo en 1961. El mensaje universal le sigue siendo inspirado día a día para que lo haga vida, lo demuestre con su experiencia y lo comunique al mundo a través de sus escritos.

El Toque de Amor es una de las seis herramientas que ofrece el Arte de Ser Feliz.

Estas herramientas son:

La meditación en el silencio.
La respiración consciente.
El Toque de Amor.
El Mapa de Prosperidad.
Las afirmaciones de la verdad.
El estudio de la verdad.

El mensaje del Arte de Ser Feliz es espiritual y profundamente religioso, pero no está vinculado a ninguna denominación religiosa, de hecho postula que:

Existe un solo Dios, una Madre y Padre amoroso cuya voluntad para todos sus hijos sin excepción es la felicidad total y que sean libres con una vida plena y llena de bienestar espiritual y material.
Existe una sola religión, la del amor.
Existe un solo lenguaje, el del corazón.
Existe una sola raza, los hijos de Dios.
Existe un solo camino hacia la felicidad, la oración.

El Arte de Ser Feliz se puede resumir en los siguientes fundamentos:

1. Dios es un Padre-Madre amoroso y su voluntad es la felicidad y riqueza espiritual y material para todos. Aquí y ahora.
2. Tú no eres un ser humano. Tú eres el hijo perfecto de Dios, creado a su imagen y semejanza.
3. Tú eres un espíritu perfecto, un Ser superior divino de luz viviendo una experiencia física. Tú tienes todas las cualidades de Dios, por lo tanto, tienes la total capacidad para cambiar tu mundo, creando para ti el mundo perfecto y ordenado que tu Dios te quiere regalar.
4. Dios tiene un mundo perfecto, ordenado, lleno de Amor, paz, dicha y abundancia de bienestar espiritual y material, armonía y orden divino para cada uno de sus hijos, sin excepción.

El Arte de Ser Feliz te da herramientas poderosas para que integres y practiques estos principios en tu vida diaria y logres la felicidad total para la que has nacido.

El Arte de Ser Feliz utiliza la *afirmación* para adiestrar la mente hacia el éxito y la prosperidad. El uso continuo de la afirmación es un proceso de autosugestión muy efectivo en el proceso de aprender, crecer y cambiar. Una afirmación es un decreto, una declaración ordenada de la verdad. A través de todo el texto aparecerán afirmaciones positivas para que las utilices de acuerdo con tus necesidades diarias. El estudiante del Arte de Ser Feliz afirma todos los días lo siguiente:

Afirmación del Arte de Ser Feliz

Amado Dios, mi Padre-Madre. Aquí y ahora reconozco:

Mi mundo siempre es abundante.
Todo está bien siempre en mi mundo.
Yo Soy una persona maravillosa.
    Yo Soy feliz.
    Yo Soy bello.
    Yo Soy amoroso.
Yo Soy eternamente joven.
    Yo tengo salud vibrante.
    Yo Soy exitoso.
    Yo Soy próspero.
    Yo Soy poderoso.
    Yo Soy abundante.
Yo Soy armonioso.
    Yo Soy alegre.
Yo tengo muchísimo dinero.
Yo estoy en orden divino.
Yo vivo siempre en paz interior.
Mis manos son milagrosas.
Yo Soy inmortal.
    Yo siempre Soy inocente.

Yo tengo derecho a los milagros.

Yo siempre estoy esperando un milagro.

Y porque esto es así aquí y ahora juntos te amamos, te adoramos, te alabamos, te escuchamos, te recordamos, te bendecimos, te demostramos, te glorificamos, te damos gracias y decimos... amén.

Afirmación Universal de Prosperidad

1998. Año de la demostración y reconocimiento de mi total inocencia.

Santo Espíritu de Dios, que iluminas mi mente continuamente con tu Gracia, yo deseo que tu luz divina se apodere totalmente de mi vida. Y por eso yo te entrego este instante santo, sé Tú quien me dirija, pues yo simplemente deseo seguirte seguro de que tu dirección me brinda tu paz, que es lo único que yo realmente anhelo, mi Dios. Si yo necesito una palabra de aliento, tú me la das. Si necesito un pensamiento, tú me lo das. Y si lo que necesito es quietud y una mente receptiva y serena, ésos son los regalos que yo recibo de ti. Tú estás a cargo a petición mía, y yo sé que tú me oyes y me contestas, porque tu espíritu, mi Dios, siempre me habla en tu santo nombre y el de tu santo hijo.

Y en tu santa presencia yo reconozco que tú eres mi Madre y Padre amoroso, mi única Fuente de bienestar espiritual y material, de todas las posibilidades y todas las oportunidades. Que tu voluntad para mí y cada uno de mis hermanos sin excepción es que seamos totalmente felices, libres y ricos en bienestar espiritual y material. Que yo y mis hermanos somos tu Cristo, tu bendita semejanza, tu santo hijo, perfecto, libre, rico e inocente, uno contigo y toda la creación para siempre en tu Amor. Y porque yo reconozco que esto es así aquí y ahora, un rápido y sustancial aumento en mis ingresos, y un vasto mejoramiento en mis relaciones, en mi salud, en mis finanzas y en la calidad y cantidad de mi tiempo está ocurriendo aquí y ahora, porque es lo natural que ocurra que en tu divina presencia, mi Dios, mi vida florezca y prospere en todas sus áreas.

Yo cada día me siento mejor y mejor. Y aquí y ahora mi Dios, en tu Santo Sombre y en el Nombre del Cristo, yo, _____, abro mi mente y mi corazón totalmente y para siempre, para recibir con agradecimiento, aquí y ahora, toda la riqueza espiritual y material que tú, mi Dios, tienes para mí y para cada uno de mis hermanos sin excepción, porque nos pertenece por derecho de conciencia. Y porque esto es así aquí y ahora, mi Dios, juntos te amamos, te adoramos, te alabamos, te escuchamos, te recordamos, te demostramos, te bendecimos, te glorificamos, te damos gracias y decimos... amén.

Haz esta afirmación por lo menos diez veces al día, seguida de un ejercicio de silencio. Apréndetela de memoria. Llévala contigo siempre y repítela continuamente. Te llevará a desarrollar una mentalidad abundante y milagrosa. Compártela con tus seres amados. Su propósito es llevarte a recuperar tu original riqueza espiritual y material.

Hazla y espera milagros.

6:51 a. m.
Jueves 3 de enero de 1997
Cidra, Puerto Rico
Muñeca Géigel

Introducción

El Toque de Amor es un sistema de sanación natural que utiliza las manos como instrumentos para energizar el Amor en el campo energético de cada persona. En realidad no somos un cuerpo, somos energía materializada en un cuerpo. El Toque de Amor energiza el Amor en nuestro campo energético, es decir, nuestro cuerpo espiritual, aumentando su nivel vibracional y armonizándolo para lograr el equilibrio. Este proceso serena el cuerpo emocional, lo cual contribuye notablemente a equilibrar y sanar el cuerpo físico.

Este sistema de sanación natural despierta y activa la energía vital del Amor en la persona que lo practica. Te enseña a utilizar sabiamente la Energía Universal que fluye a través de tus manos desde todo lo creado. También capacita al participante para recibir, activar y utilizar la Energía Universal para su propio bienestar y el bienestar de los demás.

El Toque de Amor:
No entra en conflicto con ninguna filosofía ni religión y es compatible con otros sistemas de sanación.

Conecta lo físico con lo mental, espiritual y emocional y promueve el desarrollo total de la persona.

Es una experiencia de Amor que te regala en una hora doce caricias físicas, una en cada posición de las manos.

Todo tratamiento de energía se da sin expectativas de cambios externos. Este tratamiento tiene el propósito de activar la energía de Amor para lograr el reconocimiento de su Ser superior entendiendo que es un ser totalmente completo con un único propósito, aquí y ahora: su autorrealización.

La verdadera felicidad no se encuentra en lo externo, se experimenta cuando una persona reconoce quién es y vive siendo fiel a sí misma expresando el Ser superior maravilloso que es en todo momento.

El tratamiento de Energía de Amor lleva a la persona a entrar libremente en el movimiento de la vida, dedicándose a vivir apasionadamente y con alegría aquí y ahora, lo cual lleva a expresar en el mundo físico sus cualidades superiores. Lo externo siempre es una extensión del ser interno y refleja lo que la persona cree que es.

De mis manos
milagrosas
emana tu poder
sanador, mi Dios.
Juntos te damos gracias
y decimos…
amén.

Capítulo 1

¿Qué es el Toque de Amor?

Breve historia

El Toque de Amor, potente sistema de alertamiento puertorriqueño, tiene sus orígenes en el Tíbet. Fue allí donde el maestro Mikao Usui, monje cristiano japonés, descubrió lo que él llamó *Reiki*, que significa en japonés «Energía Universal». Este sistema está basado en escrituras antiquísimas que, según la historia, fueron estudiadas por el maestro Jesús. El maestro que predicó el perdón y el Amor, y cuyas enseñanzas han pasado de generación en generación en el mundo cristiano, enseñó a sus discípulos el uso de la imposición de las manos para sanar.

Yo comencé mis estudios de Reiki con mi amada maestra Miriam Pesante en 1987. Recuerdo claramente cuando me inicié como maestra de Reiki en 1990 que Miriam me dijo las siguientes palabras: «Yo te entrego los símbolos, si los escuchas se te seguirán revelando. Falta mucho por revelársenos sobre la Energía Universal del Amor y sus símbolos».

Así sucedió. Me dediqué durante dos años a dar y recibir diariamente tratamientos de Energía de Amor apoyada por mi asistente Toñita Santiago, una enamorada fiel de este sistema. A ambas se nos fueron revelando los Símbolos Universales del Amor hasta que pudimos entre 1992-1994 diseñar lo que hemos llamado *el Toque de Amor*, un sistema de alertamiento universal sencillo, práctico y disponible para que toda la humanidad lo utilice para conectarse con la Energía Universal del Amor. Así se podrá trasformar todo el pensamiento humano erróneo y sus consecuencias de conflicto, para que surja sobre la tierra el rostro del Cristo para la construcción del nuevo mundo de Dios.

El poder ofrecer al mundo entero este sencillo y práctico pero potentísimo sistema de sanación natural es una de mis mayores satisfacciones. Estoy segura que es una importante contribución a mi misión de erradicar totalmente y para siempre la pobreza espiritual y material de mi vida personal, de mi familia y del planeta.

Afirmación de el Toque de Amor

Yo Soy el santo hijo de Dios.
Yo Soy una persona maravillosa.
Mi mundo es abundante siempre.
Todo está bien en mi mundo siempre.
Yo Soy un milagro de Dios.
Yo tengo derecho a los milagros.

Mis manos son milagrosas.

Yo Soy paz.

Yo Soy Amor.

Yo Soy dicha.

Yo Soy abundancia.

Yo Soy el Cristo el Amor de Dios en acción para siempre.

Yo Soy inmortal.

Yo Soy todopoderoso.

Yo Soy perfecto.

Yo Soy inmensamente rico.

Yo Soy inocente.

Yo me merezco lo mejor de la vida.

Yo Soy semejante a mi Dios.

Yo Soy uno con Dios y mis hermanos en el Amor.

La Voluntad de mi Dios para mí es la perfecta y total felicidad.

Y porque esto es así aquí y ahora. Juntos te amamos, te adoramos, te alabamos, te escuchamos, te recordamos, te demostramos, te bendecimos, te glorificamos, te damos gracias y decimos... amén.

Cómo trabaja el Toque de Amor

El Toque de Amor abarca la persona en su totalidad: cuerpo, mente, espíritu y emociones.

Trabaja de forma efectiva, pero la experiencia es siempre diferente.

Se experimenta paz y relajamiento.

Hay una sensación de seguridad, de sentirse envuelto en un manto de energía que reconforta.

Sensación de fluidez.

La energía se siente caliente o fría de acuerdo a la necesidad de la persona.

Las experiencias viejas sin resolver pueden aflorar para sanarlas.

Las experiencias de color y sonido son frecuentes.

Nos conecta con nuestro Ser superior trasformando nuestros pensamientos, patrones y creencias en el Amor.

Nos pone en contacto con nuestra creatividad. Ideas maravillosas pueden surgir durante de un tratamiento y después de él.

Conecta a la persona con su propia Fuente de Energía Universal y activa el sistema energético. Los 12 centros de energía o chakras son activados en cada tratamiento.

Efectos

Apoya la habilidad natural del cuerpo de sanarse.

Revitaliza a la persona en su totalidad: cuerpo, mente, espíritu y emociones.

Armoniza la persona total.

Equilibra las energías del cuerpo.

Disuelve los bloqueos de energía.

Relaja.

Purifica el cuerpo de toxinas.

Se ajusta a las necesidades de quien recibe el tratamiento. La energía de Amor trabaja con infinita sabiduría.

Trabaja en plantas, animales y objetos.

Nunca puede hacer daño.

Quien da el tratamiento se energiza al darlo y mientras más sirve de canal a la energía, más rápido se sana a sí mismo, levantándose en conciencia y prosperando. Quien da un tratamiento de energía a otra persona nunca recibe energía negativa. Después de que sus manos sean activadas con la entrega de las palabras universales; de sus manos emanará solamente la energía de Amor continuamente. A menudo la trasmisión de la energía puede sentirse fría o caliente de acuerdo a las necesidades propias o de la persona a quien se trata.

La nueva raza

La galaxia a la cual pertenece el planeta Tierra está siendo afectada por la Energía del Amor que trasforma y levanta la materia a una vibración más alta. Por esta razón más y más personas se están despertando espiritualmente.

La humanidad está evolucionando para manifestar una nueva raza de seres superiores divinos. Cada uno está generando un cuerpo de luz en su aura. Al comienzo, este proceso se siente en el área del corazón, y el movimiento se manifiesta de diferentes maneras en las diferentes personas. Movimientos de energía en el área del corazón, congestión en el pecho, nos demuestran que la luz del Amor está abriendo el chakra del corazón y nuestro corazón físico está cambiando su vibración. No hay que asustarse, es el movimiento natural de la energía del Amor a la que no debemos resistirnos.

Se nos indicarán cambios en nuestros estilos de vida: más tiempo de oración, cambios de nutrición, más movimiento de nuestro cuerpo, más contacto con la naturaleza. Estos cambios son muy importantes para que nuestro cuerpo no se resista a los movimientos de energía y de luz. Sentiremos un inmenso Amor por todas las formas vivientes y toda la creación.

Recibiremos gran cantidad de información nueva, por lo cual es importante fortalecer nuestro intelecto, armonizándolo con la intuición para que estén en perfecto equilibrio.

Nosotros somos los pioneros de esta *Nueva Era,* hemos dicho que sí a Dios y se nos están revelando las técnicas para nuestra propia sanación para que podamos apoyar y enseñar a otros a sanar.

Sin lugar a dudas nuestros procesos han sido muy acelerados. Nos hemos enfrentado a grandes lecciones y han ocurrido grandes cambios y transiciones en nuestras vidas. Más y más personas están despertando, urgiendo a aquellos favorecidos para ayudar a otros en su proceso de alertamiento.

El movimiento de energía de la luz del Amor incondicional puede sentirse algunas veces como turbulencia; nuestros esquemas se tambalean para dar paso a un nivel de conciencia superior. Mientras más nos conectamos con la santa presencia menos nos afectan los movimientos de la vida, porque cuando nos abandonamos a dicha presencia nos movemos con la vida sin ponerle resistencia.

Muchas personas rechazan los movimientos de la vida y se resisten al cambio, porque el moverse con la energía implica muchas veces un cambio completo en nuestro estilo de vida. Algunas personas incluso se esconden en las drogas y el alcohol cuando sienten los movimientos internos de energía que los impulsan al cambio. Otros se agarran a los viejos patrones y sus vidas se convierten en una lucha. Otros critican abiertamente estas nuevas ideas como una manera de defenderse, para quedarse en lo viejo, porque es lo que conocen y les da una aparente seguridad.

Muchas veces nuestra resistencia al cambio nos lleva a crear un estado de crisis en nuestras vidas con gran dolor y conflicto, para vernos obligados de esta manera a mirar hacia adentro y ponernos en contacto con nuestro Ser superior divino. Esto se puede evitar si nos mostramos receptivos a los reclamos de nuestro ser y a nuestra intuición, y nos dejamos conducir gozosamente en el proceso de ascensión.

Es preciso resolver nuestras vidas en su totalidad. Cuando algo anda mal, la energía y vitalidad en nuestra vida se ven afectadas. Por lo tanto es vital enfocar paso a paso nuestra energía en sanar los patrones de pensamiento que nos mantienen atascados en algún área en particular.

El conectarnos con la luz radiante del Amor ayudará a toda la humanidad en el proceso de transición de forma tranquila, sin desastres ni cataclismos.

La red de Amor universal

Hay urgencia en el mundo de servidores, portadores de la luz y de los milagros de Dios.

Aquellos que quieren unirse a los seres de luz que trabajan en la sanación del planeta, se comprometen como miembros de la red de Amor universal a descubrir su propósito en la vida para saber cuál es su función dentro del plan divino para la construcción del mundo nuevo.

Cuando sabemos cuál es nuestro más alto propósito se vive con un gran compromiso, que impulsa a una acción efectiva dirigida desde Dios en quien somos, para convertirnos en cocreadores del mundo nuevo con la Mente Universal.

Los colaboradores de la red de Amor deben unirse en una sola mente y en un solo corazón en el Amor de Dios.

La salvación del mundo depende de mí y de ti porque tú y yo somos parte de un todo que no se completa si le falta una de sus partes.

Es fundamental para que te conviertas verdaderamente en cocreador con la mente universal purificarte de todo lo que no es divino en ti y ordenarte internamente sabiendo lo que quieres. Para esto trabaja tu cielo en la tierra, tu plan divino en tu Mapa de Prosperidad.

Cómo hacer tu Mapa de Prosperidad

Siendo el Mapa de Prosperidad en el Arte de Ser Feliz una herramienta que se utiliza todos los días, es importante que tengas siempre disponibles los materiales necesarios para poder hacer este ejercicio cómodamente. Necesitas lo siguiente:

Una carpeta con fundas de plástico, como las que se usan para proteger las hojas de las presentaciones escritas. En ellas vas a meter los ejercicios escritos y las láminas que ilustren tus metas.

Tijeras, pegamento, regla, lápices de colores, papeles con rayas para escribir, papeles blancos y de colores para hacer tus ilustraciones.

Para comenzar tu mapa escribe una carta a Dios en la cual le expliques detalladamente lo que tú le reclamas para vivir tu cielo en la tierra. La base del cielo en la tierra es vivir continuamente la paz de Dios, así es que comenzarás por ahí. En lo espiritual, el cielo en la tierra es igual para todos los hijos de Dios. En lo que varía es en lo externo, es decir, en el bienestar material, y para describirlo se utilizan las ilustraciones.

Estamos trabajando para la construcción del mundo nuevo. Para ello el primer paso es crear ese mundo mental y físicamente para nosotros, en una vida plena de bienestar espiritual y material. El Mapa de Prosperidad es una gran herramienta para lograrlo, porque con ella creas una imagen perfecta de cómo deseas tu vida de total felicidad.

El ejercicio de crear mentalmente y por escrito tu cielo en la tierra es el comienzo del Mapa de Prosperidad. En él describes detalladamente por escrito en tu carta a Dios cómo deseas tus relaciones, tu salud, tus finanzas y tu tiempo. Luego, al finalizar un año o al comenzar el siguiente, lo haces de nuevo. Este ejercicio se convierte en las metas de vida anuales.

Comienza la carta así: Mi Dios, así yo quiero vivir mi cielo en la tierra.

Este ejercicio te lleva a concebir mentalmente tu nueva vida feliz. Es una imagen que tienes para apoyarte en la manifestación rápida de tu bienestar.

Completa la carta con láminas que describan la visión de tu nueva vida. Basándote luego en tus metas de vida anuales, trabaja tus metas de vida mensuales, semanales y diarias. Cada ejercicio es una carta a Dios describiendo lo que tú deseas manifestar para ti cada año, cada mes, cada semana, cada día.

Refuerzas la visión de tus sueños de felicidad con afirmaciones, por ejemplo: «Estoy totalmente sano y feliz», «todas mis relaciones son santas», «cada día produzco más y más dinero», «yo dispongo de mucho tiempo para disfrutar y celebrar la vida».

Y por último y muy importante, da gracias a tu Dios al final de cada ejercicio con amor y alabanza: «Y porque yo sé que esto y mucho más es así aquí y ahora, mi Dios. Juntos te amamos, te adoramos, te alabamos, te escuchamos, te recordamos, te demostramos, te bendecimos, te glorificamos, te damos gracias y decimos... amén.

Es importante que ilustres la siguiente afirmación cósmica en tu mapa: «Mi Dios, yo sé que tú tienes para mí todo lo que yo le reclamo a la vida, su equivalente o algo mejor y mucho más. Gracias, mi Dios. Amén».

Al hacer este ejercicio se ordena en tu mente cada parte de tu vida minuciosamente y con todo lujo de detalles al definir tus sueños felices. Cada área de tu vida representa una parte de tu plan divino en esta existencia. El segundo paso es trazar un plan, poniendo tu fe en acción, ya que el plan divino se construye día a día dirigido por Dios en ti, a quien le entregas los detalles de tu autorrealización.

El Mapa de Prosperidad en verdad es el mapa que trazas de tu vida total, la planificación total de tu nueva vida en orden divino. Este plan se expande del plan individual al plan familiar, al plan social de cada pueblo o raza, hasta abarcar a toda la humanidad y a todas las generaciones de todos los tiempos. Es el plan de la mente universal o la

Voluntad de Dios que es la urgencia cósmica de expresar el Amor incondicional en bienestar infinito para todos. Un plan que expresa la majestad y gloria de Dios manifestada a través de cada uno de nosotros en el mundo físico.

El plan de Dios es ordenado, amoroso, armonioso, equilibrado, pacífico, gozoso, placentero, de belleza infinita, sobreabundante en bienes espirituales, mentales y materiales, dinámico, aventurero, excitante, apasionado, donde cada individuo puede dar rienda suelta a su creatividad, expresando su divinidad, creando con sabiduría, entendimiento y comprensión para revelar en la tierra el reino de los cielos.

Hasta ahora nosotros hemos estado dormidos, en nuestro falso pensamiento de separación y no hemos reconociendo nuestra divinidad, se nos olvidó que somos expresiones perfectas de Dios. El Arte de Ser Feliz nos lleva a despertar y a estar alerta a nuestra verdadera identidad, reconociendo que somos uno con Dios, que Dios ya nos dio todo lo que él tiene y que todo lo que Dios es lo somos cada uno de nosotros.

Cada vez que un individuo se levanta en conciencia, la humanidad completa asciende en Amor, dicha, paz y abundancia.

El nuevo Mapa de Prosperidad de nuestra vida debe estar basado en la *eliminación total del miedo,* en la trasformación de nuestra mente, sustituyendo todo nuestro pensamiento erróneo por el pensamiento de Dios en nosotros. Esto nos lleva a la solución de todos nuestros conflictos para poder manifestar el plan divino de purificación o sanación de nuestra personalidad humana. Cada lección ha sido un medio potentísimo de purificarnos para aclarar nuestra visión y levantarnos en conciencia, para que la luz que cada uno de nosotros es disuelva la oscuridad y haga todas las cosas nuevas.

En el uso de nuestro libre albedrío y nuestra sabiduría tenemos la oportunidad de escoger todas las circunstancias de vida y experiencias que propiciarán nuestro crecimiento espiritual. Cada ciclo de nuestras vidas es planificado por nosotros para aprender nuestras lecciones y cada lección nos lleva a alertarnos a nuestros talentos y capacidades. Estas lecciones nos llevan a eliminar todos nuestros conflictos en el ejercicio del perdón.

Yo siempre
estoy rodeada de tu
amor, mi Dios.
Y por esto juntos
te damos gracias
y decimos…
Amén.

Capítulo 2

El proceso de transformación

y el Toque de Amor

El Arte de Ser Feliz te lleva hacia tu felicidad total con las siguientes acciones:

Reconocer tu infelicidad.

Tomar la decisión de cambiar hacia una vida feliz.

Escoger un camino espiritual.

Reconocer que eres totalmente responsable de lo que tienes en tu vida.

Estar alerta a tus estados de ánimo reconociendo que cuando te sientes mal estás pensando falsamente y es necesario prestarle más atención a las prácticas espirituales para corregir los errores en tu pensamiento.

Estar alerta a tu mundo físico comenzando por tu cuerpo, reconociendo que lo que no está en orden y perfección denota que no estás

reconociendo tus cualidades divinas.
Tu mundo físico es un espejo de tu
mundo espiritual.
Aceptar las lecciones que la vida te trae y vivirlas
gozosamente y pacientemente sabiendo que
son pasajeras y que son tremendas
oportunidades para crecer y prosperar.
Siempre se presentan para que sanes.
Vida de oración, preparación espiritual diaria,
tratamiento de energía, silencio, afirmaciones
de la verdad, el Mapa de Prosperidad,
estudio de la verdad, ejercicios de respiración.

Ejercicio de respiración

La base de las prácticas espirituales que enseña el Arte de Ser Feliz es la respiración consciente. La respiración es el aliento de la vida y por medio de ella nos conectamos con la Fuente. Al inspirar nos llenamos de la Vida de Dios. Al espirar nos abandonamos en sus brazos amorosos y ponemos nuestro futuro en sus manos.

La respiración es el eslabón que une la mente y el cuerpo, y si aprendemos a utilizarla conscientemente es la mejor equilibradora y armonizadora de emociones.

La respiración consciente es una sencilla técnica que puedes utilizar en cualquier momento para aquietarte y serenarte. Es también el medio para la meditación en el silencio, la herramienta fundamental del Arte de Ser Feliz.

Puedes hacer este ejercicio sentado cómodamente, con la ropa suelta especialmente en la cintura, los ojos cerrados. También puedes acostarte relajadamente.

Haz una respiración profunda llenando la región abdominal de aire, puedes poner tu mano sobre el abdomen para asegurarte de que llenas la cavidad abdominal al inspirar y la vacías totalmente al espirar. De hecho, ésta es la forma correcta de respirar. Si observas a un bebé respirar notarás que es así como respira. Los miedos te han llevado a cambiar el ritmo natural de tu respiración.

Pon toda tu atención en el acto de respirar. Inspira… Espira… Inspira… Espira…. Inspira… Espira.

Mantente conectado, centrado en la respiración durante cinco respiraciones.

Ve añadiendo una respiración al proceso cuando te sientas cómodo con las cinco primeras hasta que logres estar respirando conscientemente durante cinco minutos. Si te viene algún pensamiento negativo o positivo déjalo pasar y vuelve de nuevo a poner tu atención en el acto de respirar.

Durante el día haz el ejercicio de cinco respiraciones conscientes diez veces. La idea es mantenerte conectado con la Fuente de todo tu bienestar durante todo el día.

Haz este ejercicio disciplinadamente durante un mes y te aseguro resultados milagrosos. Utilízalo en cualquier momento en que sientas malestar.

El tratamiento de energía en conjunto con las otras herramientas del Arte de Ser Feliz te levanta en conciencia llevándote a la experiencia de Dios, de su paz, su Amor, su dicha y su abundancia. Esta experiencia te lleva a reconocer que tú eres uno con Dios y que Él es tu única Fuente de ilimitada provisión disponible para ti, siempre.

Esto te da la seguridad perfecta, porque desarrollas la confianza de que eres un Ser superior con todas las cualidades de Dios y que Dios está siempre disponible para ti, lo cual te lleva a vivir su paz continuamente.

Es en la experiencia de la paz de Dios donde se dan todos los regalos espirituales, mentales y materiales. Esto es la felicidad total para la cual has nacido, viviendo una vida saludable, amorosa y abundante. La paz de Dios incluye todas las cosas buenas que seas capaz de imaginar.

Al prepararte todos los días espiritualmente conectándote con la presencia de Dios, viviendo en paz y dicha, te conviertes en un canal receptivo de todas las riquezas del universo. Cuando estamos en paz, las vibraciones de nuestra energía son potentísimas, radiantes de vida y nos convierten en imanes para el bienestar abundante.

El proceso de purificación del pensamiento erróneo

El tratamiento de Energía de Amor unido al silencio, el Mapa de Prosperidad, el diezmo, el perdón y las afirmaciones de la verdad utilizados consecuentemente todos los días, aseguran la trasformación del pensamiento erróneo en el pensamiento del Ser superior, que vive para siempre en la presencia de Dios.

Tú tienes derecho a que tu vida sea un constante milagro de Amor, pero para que esto se dé, es indispensable desbloquear emociones hostiles, miedos, ira, tristezas antiguas, resentimientos y odios suprimidos desde tu niñez, sentimientos de culpa que vienes arrastrando incluso desde vidas pasadas.

Para poder iluminar tu vida y vivir tu unión con Dios, es necesario que te liberes totalmente de tu personalidad humana, para que manifiestes en tu vida el Ser superior divino, maravilloso y fabuloso que tú eres.

Para recibir todo el bienestar que el universo tiene para ti, es preciso limpiar tu mente de todo lo falso.

Es necesario comprender el proceso de purificación para no tenerle miedo, y aceptarlo gozosamente sabiendo que siempre nos encamina y nos abre a mayor bienestar.

El mal en realidad no existe. En el proceso de purificarnos aparece como lecciones, que son oportunidades de crecimiento en las cuales nos enriquecemos y fortalecemos internamente reconociendo que el único poder es el Amor de Dios.

Nosotros hemos estado tratando de escapar de nuestras lecciones porque no las entendíamos. Es preciso despertar y aprender a manejar la vida con las lecciones que tenemos que encarar para crecer y prosperar.

Cuando aparece en nuestra vida algo que no es lo más perfecto, armonioso y ordenado, en lugar de resistirnos a ello y desesperarnos, lo que tenemos que hacer es preguntarnos por qué lo estamos manifestando, y qué lección tenemos que aprender de la experiencia. Es necesario desarrollar nuestra paciencia y perseverancia para no querer salir corriendo de nuestras lecciones. La impaciencia denota falta de disponibilidad para aprender las lecciones y terquedad de nuestra personalidad humana, que se empeña en hacer que las cosas sucedan a su manera y no como Dios dispone en el momento perfecto, con las personas perfectas, en el lugar correcto y en la verdadera prosperidad.

Lo importante durante una lección es afirmar tu divinidad, manteniendo tu conexión con tu Ser superior entendiendo que lo que está sucediendo no es de Dios, no es su voluntad para ti, se está manifestando en tu vida con el único propósito de que lo mires, para que examines tus pensamientos y sentimientos falsos que están manifestando esa condición en tu vida. En tu momento de lección decreta:

«Yo suelto y dejo ir el patrón de pensamiento que está manifestando esta condición en mi vida».

Toda lección te demuestra que no estás reconociendo tus cualidades divinas. Afírmalas y ten la certeza de que cuando reconozcas tu divinidad, la lección se disolverá y no regresará jamás. Si no la aprendes recurrirá una y otra vez, en el proceso de purificación del pensamiento erróneo, de forma diferente hasta que te decidas a dedicarte por completo a vivir tu unidad con Dios para siempre.

Todo lo que ocurre en el mundo que no es perfecto y ordenado, responde a la ignorancia de los individuos de las leyes universales del Amor y su aplicación práctica a sus vidas individuales.

Cuando la persona se ilumina se da cuenta de que las lecciones que manifestaron en su pasado, los actos desamorosos, y los errores cometidos ocurrieron simplemente por falta de conocimiento.

Tu pasado no fue el mejor porque no sabías lo que hacías, espiritualmente eras un niño o una niña, y de esa manera viviste tu vida hasta ahora que estás dispuesto a crecer y convertirte realmente en adulto, porque la madurez no es física, sino espiritual.

Las lecciones que aparecen en la vida son pasajeras, y cuando la persona entiende lo que está sucediendo las acoge gozosamente, porque sabe que son correctivos, una gran enseñanza que es parte del proceso de autorrealización. Cuando se aprende la lección y la persona se levanta en conciencia y sabiduría, la lección desaparece sin ningún esfuerzo, de forma milagrosa. Una persona que manifiesta aparentes desgracias continuas demuestra su resistencia a crecer y prosperar.

Cuando la persona reconoce que se encarnó aquí y ahora con el único propósito de liberarse para siempre del mal, se abre a la vida y a sus lecciones y se dispone para el proceso de purificación interna de perdón, por medio del cual resolverá todos sus problemas existenciales para poder vivir feliz y abundantemente para siempre.

Cuando aparece una lección, el primer paso es reconocerla como tal. Reconocer que en tiempos de lecciones aumenta la tensión, por lo tanto es momento de aquietamiento y fidelidad a las prácticas espirituales. Es importante la atención esmerada al cuerpo dándole mucho espacio para el reposo. «En tiempo de tensión, atención al cuerpo».

Cuando aparece la lección hay que reconocer que es pasajera y que sólo está presente para enseñar las áreas de crecimiento que son débiles, se encara, se reconoce que es efecto de pensamientos falsos y patrones viejos, pero no se acepta como algo que no se pueda cambiar. Se dice: «Esto no es lo que Dios quiere para mí. Dios en mí hace perfecto todo aquello que a mí me concierne. Yo Soy una criatura perfecta de Dios y yo manifiesto su perfección aquí y ahora».

También se afirma:

«Esta apariencia no es de Dios en quien Yo Soy; por lo tanto no es mía. Mis buenas relaciones, buena salud, buenas finanzas y buena calidad y cantidad de tiempo para disfrutar de mi bienestar, no pueden ser limitadas jamás por nada ni por nadie».

En realidad lo único que tú tienes que reconocer y afirmar es:

Yo Soy uno con mi Dios para siempre.
Todo lo que mi Dios es, Yo Soy para siempre.
Todo lo que mi Dios tiene, es mío para siempre.
Porque Yo Soy su hijo perfecto.

Esto trasforma en tu mente el pensamiento falso que cree en la maldad y en la separación, y que es precisamente el que está causando tus males y conflictos. Una vez que sanas tu pensamiento falso, se acaba el sufrimiento, el dolor, la enfermedad y la falta de dinero y tiempo para siempre.

El proceso de purificación te limpia de tu egoísmo, manipulaciones, controles y tendencias humanas. Aquí sabrás lo que realmente es el Amor. Se rompen las ataduras emocionales a los demás que te han llevado a utilizar la potente energía de tu pensamiento y sentimientos para querer vivirle la vida a otros, lo cual te ha minado la energía vital que necesitas para resolver tu vida y prosperar.

Tú posees el poder de Dios Padre-Madre y ahora puedes vencer la enfermedad, la escasez, la limitación, la muerte y todo lo que no es de Dios en tu experiencia de vida.

Tú estás aquí y ahora, sin lugar a dudas, para autorrealizarte y vivir el Amor incondicional y lograr el dominio de la materia y del proceso creativo. De esta manera unido a Dios Padre-Madre para siempre, rodeado de su Amor y descansando totalmente en su santa presencia, continúas creando el mundo nuevo, el que Dios quiere para su hijo perfecto.

Las prácticas espirituales estimulan y activan la Energía Universal, y la redirigen por sus canales normales.

La disciplina es vital en el proceso. La inversión del tiempo, energía y dinero en desarrollar nuestra vida espiritual, que es lo único que tenemos, deberá ser siempre nuestra prioridad.

Es importante aprender a manejar la energía, sin dispersarla en actividades que no nos enriquecen. Esto armonizará y equilibrará nuestra vida.

No tengamos expectativas ni prisa. Entreguémonos a la Energía del Amor de Dios, la Energía Universal. Es nuestra fe y confianza y no el tiempo lo que determina la trasformación de nuestro pensamiento. Los resultados dependen de la activación de la Energía Universal en nuestros centros de poder, con el consecuente desbloqueamiento, para permitirle a la energía un fluir equilibrado y armónico a través de todo nuestro campo energético. Recordemos que no somos un cuerpo y que nuestro campo energético se extiende a todo lo que constituye nuestro mundo físico.

La prisa y la impaciencia establecen lucha y retrasan el proceso de sanación, porque denotan falta de compromiso y abandono a la sabiduría de la energía que nos lleva con gozo y Amor en el momento perfecto, siempre.

¡Tú tienes derecho a los milagros!

Tú eres el milagro de Dios, un ser de luz, un Ser superior divino, el hijo perfecto de Dios. Lo natural es que tu vida se desenvuelva en Amor, paz, dicha y abundancia de bienes espirituales, mentales y materiales, buena salud, buenas relaciones, buenas finanzas y buena calidad y cantidad de tiempo. Para que esto ocurra siempre, es necesario que nos limpiemos totalmente de lo viejo trasformando nuestro pensamiento erróneo en el Pensamiento de Dios en nosotros.

El Arte de Ser Feliz te da todo lo que tú necesitas para que tu vida sea un milagro. Para lograr tu autorrealización es necesario decisión, dedicación, determinación, disciplina y diversión para mantenerte alegre en el proceso de tu trasformación. No tiene que ser doloroso mirar lo que no somos para sanarlo, si realmente sabemos que somos seres superiores divinos unidos para siempre a Dios Padre-Madre.

Lo único que tienes que afirmar y recordar para sentirte totalmente feliz es: «Yo Soy uno con mi Dios».

Hoy yo quiero dar gracias porque:

Yo Soy uno con mi Dios.
Todo lo que mi Dios tiene es mío.
Todo lo que mi Dios es, Yo lo Soy.

Esto te da la seguridad perfecta de que tu hogar siempre está seguro, que tú eres guiado y protegido en todo lo que haces, y cuentas con el poder de Dios en ti en todos tus asuntos espirituales y terrenales.

Unidos a Dios no es posible fallar ni fracasar. Todo lo que tus manos consagradas a Dios tocan se llena de luz luminosa que bendice y que sana.

Unido a Dios y a toda la creación camina gozoso, con el pensamiento de que Dios te acompaña dondequiera que tú vayas. Afirma:

«Hoy yo quiero recordar que Yo Soy uno con Dios, uno con mis hermanos y uno con toda la creación en mi Ser superior en eterna santidad y paz… Amén».

Tú tienes
derecho
a los milagros.
Gracias a Dios…
Amén.

Capítulo 3

Las cuatro dimensiones

Hijo de Dios:

Tú has nacido para dar frutos de vida eterna aquí y ahora, esto quiere decir que tu propósito es hacer tu parte en la construcción del nuevo mundo feliz y abundante que Dios tiene para cada uno de sus hijos sin excepción. A ti te toca hacer lo tuyo y a mí lo mío. Cada persona es una pieza vital en este proyecto divino. Cada quien tiene su función y te será indicada con gran claridad en la medida en que estés receptivo a escuchar la voz de Dios en ti. Si realmente quieres ser feliz tienes que despertar al mundo del espíritu.

En el mundo del espíritu hay cuatro dimensiones:

Primera dimensión:
La oscuridad
Aquí la persona vive totalmente envuelta en el mundo físico utilizando el cuerpo y la belleza física como centro de atracción. Las cosas materiales son de gran importancia y los problemas abruman tremendamente a la persona al no

entender cómo solucionarlos. Existe un sentimiento de ser víctima del mundo. Planos inferiores.

Segunda dimensión:
El despertar al mundo espiritual

Las lecciones se presentan como experiencias para aprender, crecer y cambiar. Aumenta el entendimiento a un nivel intelectual de que no existe la separación entre el mundo espiritual y el material. Nace la esperanza. Se adopta un camino espiritual. Comienza la búsqueda intensa de la verdad en fuentes externas. Planos intermedios.

Tercera dimensión:
Inicio de la comunión con Dios, los hermanos
y el universo

Se vive en el mundo físico entendiendo que no somos de él. Vemos el error pero no se cree en él. Entendemos que Dios es el gran arquitecto del universo y que lo que crea es perfecto, ordenado y eterno. Se comienza a comprender el proceso de manifestación, entendiendo que somos cocreadores del mundo de Dios y que creamos en unión perfecta con Dios y nuestros hermanos en la conciencia del Cristo. Aumenta la esperanza y se despierta a la fe. Planos intermedios.

Cuarta dimensión:
Desaparece la separación en la mente del hijo de Dios

Comunión total con Dios y la creación. Dominio total del proceso de manifestación y por ende dominio de la materia. Conciencia de la vida eterna e inmortalidad del hijo de Dios. El cielo en la tierra. Apertura a nuevos universos. Desaparece para siempre el conflicto, la escasez, la distancia y la limitación. Experiencia total del Amor, la paz, la dicha y la abundancia de Dios. Reconocimiento del Cristo. Se recibe la verdad directamente de la Fuente, de los registros akáshicos. Inspiración continua. Planos superiores.

La vida de oración en el Arte de Ser Feliz

Una hora diaria para Dios.

El Toque de Amor te da la oportunidad de dedicarle una hora diaria a Dios. Es totalmente necesario dedicarle tiempo a la oración para mantenernos conectados durante todo el día con la divina presencia estando en contacto con nuestro Ser superior divino de luz que vive en ella para siempre.

Aprovechemos durante esa hora sagrada para hacer silencio mental y a la vez utilizar las potentes afirmaciones diarias de la divinidad del Yo Soy, reconociendo la verdad sobre nosotros mismos.

Cuando nos conectamos con la divina presencia es milagroso y notable cómo nuestro día se desenvuelve de manera ordenada, todo fluye, todo cae en su lugar, el tiempo se expande y siempre estamos en el lugar correcto, en el momento preciso, con las personas ideales.

Estos ejercicios nos fortalecen en nuestro poder de manifestación. Al experimentar sus frutos, el tiempo se aprovecha con disciplina, porque no sólo nos fascinamos con los resultados maravillosos que obtenemos en la paz interior y confianza en uno mismo, sino que empezamos a ver los cambios externos en la salud, las finanzas, las relaciones prósperas, expansión del tiempo y otros.

Dios siempre cumple nuestros deseos altos y armoniosos, pero es necesario limpiarnos de aquellos pensamientos y creencias falsos aprendiendo a manejar nuestras emociones para poder desbloquear la energía de Amor que tenemos suprimida con el miedo, la ira y la tristeza. Es preciso romper los bloqueos al Amor y el proceso de manifestación que básicamente es lo mismo.

La preparación espiritual diaria tiene que operar primero en el proceso interno, para que luego veamos en lo físico los resultados que son el fruto de nuestra apertura a la Energía Universal del Amor, permitiéndole manifestarse en nosotros y a través nuestro en bienestar abundante.

Es necesario estar abiertos al cambio continuo en nuestras vidas, empezando con los pensamientos, las emociones y los sentimientos, para levantarnos en conciencia y abrir las mentes para recibir cada vez mayor bienestar.

Las personas que no se abren al cambio están sometidas a una serie de pensamientos y emociones que no quieren superar. Tienen una visión rígida de la vida. Es necesario flexibilizarnos y aceptar el cambio. Cambiar nuestras actitudes es vital.

En el proceso de manifestación tenemos que ser pacientes y no insistir en resultados inmediatos, practicando la gratificación diferida. Es necesario crecer internamente y prepararnos para recibir bienestar cuando realmente estemos listos.

Las tardanzas no son negaciones de nuestro bienestar sino más bien períodos de preparación interna. Las promesas de Dios se cumplen siempre a su manera y a su tiempo. Muchas veces tenemos que purificarnos de nuestros miedos, iras, sentimientos de culpa, dudas y agravios para prepararnos para la manifestación de nuestro bienestar. Nuestra riqueza externa llegará cuando estemos listos internamente para ella. Es necesario florecer internamente y esperar que los frutos maduren para manifestarse en lo externo.

Queremos crecer ordenadamente y en armonía en espíritu, mente, emociones y cuerpo porque sólo así lograremos satisfacción. Muchas veces deseamos cosas que no caen dentro de nuestro nivel de conciencia, y es posible que las manifestemos creando desequilibrio en nuestras vidas y que luego se desmaterialicen. Por esta razón el crecimiento interno es indispensable para recibir y mantener el bienestar esperado.

Las etapas de crecimiento espiritual que logramos con nuestra preparación diaria son las siguientes:

El proceso de purificación. Limpieza interna de pensamientos, creencias y patrones.

Reconocimiento de la verdad. ¿Quién es Dios?, ¿quién soy yo?, ¿quién es mi hermano?

Conexión con nuestro Ser superior y la presencia de Dios, paz interior y dicha continuas.

Manifestación en el mundo de nuestra naturaleza esencial divina. Una experiencia de felicidad duradera y excepcional.

El poder prosperador de la preparación espiritual diaria

Cuando hacemos un hábito de la preparación espiritual diaria, debemos tener la certeza de que nuestros decretos y afirmaciones se harán realidad siempre en el momento indicado.

El conectarnos con nuestro Ser superior y la presencia de Dios nos da la seguridad de que cada día tendremos menos problemas, enfermedades, conflictos, escasez, limitaciones y que desaparecerá la prisa de nuestras vidas. Las oportunidades de crecimiento que se presentan en la vida son resueltas creativamente, y salimos siempre victoriosos y con prosperidad.

Con la presencia de Dios aprendemos que no es necesario tener siempre la razón y que en algunas situaciones es necesario perder una batalla para ganar una guerra.

La preparación espiritual diaria aumenta el voltaje de la energía de Amor universal en nosotros, lo cual desarrolla talentos y destrezas que nos capacitan para manifestar continuamente bienestar en nuestras vidas.

Es necesario practicar la preparación espiritual con disciplina, determinación, decisión y disfrute como cualquier arte o destreza que queramos desarrollar. Con el tiempo vamos perfeccionándonos en la práctica de la presencia de Dios.

Cuando no se dan resultados en nuestra experiencia de vida externa, hay que ser pacientes y perseverantes en la oración y tener la seguridad de que internamente estamos siendo receptivos al bienestar y la mente se está abriendo a la prosperidad. Es la sabiduría infinita en nosotros la que sabe cuál es el momento preciso para la manifestación del bienestar.

Queremos el cambio total y para siempre en nuestras vidas, por lo tanto tenemos que ser pacientes con el proceso interno de trasmutar nuestro pensamiento antiguo y falso de separación. Nuestros deseos son realmente los deseos de Dios que nos reclama que aceptemos cada día mayor bienestar en nuestras vidas.

Dejemos de luchar y esforzarnos en el proceso de cambio. La evolución de desenvolvimiento de nuestra verdadera esencia superior divina es gradual y natural, en la medida en que estamos listos para entrar en el nuevo ciclo de vida. La lucha, el esfuerzo y la impaciencia atrasan el movimiento natural de desenvolvimiento de nuestro Ser superior y el bienestar espiritual y material.

Aquí y ahora es tu momento de poder, y tienes en ti mismo el poder de Dios para superar lo que tienes a la mano con éxito, no importa lo que sea. Sólo es cuestión de decidirte a resolver utilizando tu creatividad y talentos y escuchando la voz de Dios en ti.

La gratitud, la alabanza y la acción de gracias

El practicante del Arte de Ser Feliz vive con su corazón agradecido elevado en alabanza y acción de gracias por el regalo de la Energía Universal del Amor. Agradece al universo su conexión con la Energía Universal divina, y también haber recibido el conocimiento sobre el poder trasformador de sus manos y el Toque de Amor, don divino altamente poderoso.

El sentimiento de alabanza y acción de gracias siempre coloca a la persona en armonía con toda la riqueza del universo, y acelera tremendamente el proceso de manifestación.

En los momentos de lecciones es muy importante contar nuestras bendiciones y dar gracias por ellas. Esto nos conecta con el Pensamiento de Dios en nosotros, y nos ayuda a pasar por la lección gozosamente, sabiendo que es pasajera. Cuando damos gracias al universo por el bienestar, abrimos nuestra mente y brazos la prosperidad, y de esta manera el universo puede derramarse con abundancia sobre nosotros.

La acción de gracias limpia el aura y eleva el pensamiento, abre el corazón y sana el cuerpo físico con la luz del Amor divino.

La acción de gracias verdadera es emotiva, sea mental, verbal o escrita. El sentimiento de gratitud nace de lo más profundo del ser.

Esta actitud abre el chakra del corazón y nos permite recibir más Amor en nuestras vidas. Lo vemos expresado en el cambio en nuestras relaciones, dejamos de criticar, de condenar, de juzgar y controlar y en nuestro Amor levantamos al otro en conciencia.

Cuando levantamos nuestro corazón en alabanza y acción de gracias aumentamos la energía de Amor en nuestros cuerpos y esto a la vez activa todos los centros de energía, incrementando la corriente del Amor en nosotros y en aquéllos con quienes nos relacionamos. Esto nos lleva a vivir la paz de Dios, la seguridad perfecta de su eterna presencia, lo cual aumenta la alegría de vivir y la abundancia de bienestar.

Un corazón que vive el Arte de Ser Feliz es un corazón agradecido, lleno de un profundo sentimiento de bienestar y gratitud porque sabe que la energía del Amor está dirigiendo su vida. Esto le garantiza la solución de todos los problemas externos y conflictos internos, y sabe que siempre sus necesidades están llenas, que nada le falta nunca porque vive en presencia de Dios continuamente. Sabe que es uno con la presencia; y todo lo que la presencia es, es él, y todo lo que la presencia tiene también ya se le ha entregado.

Es necesario dar gracias aunque no veamos físicamente el bienestar. La fe es visionaria y lo ve internamente y por ello se da gracias.

Es importante recordar que nuestros deseos se hacen realidad primero internamente y luego se manifiestan en el mundo material. No se espera ver la manifestación para dar gracias. Esto retrasa el proceso y hasta puede cancelarlo.

Para vivir a tono con todos los canales de Dios es necesario vivir en continuo sentimiento de Amor, gozo, alabanza y acción de gracias.

La gratitud pone en movimiento fuertes corrientes de energía de Amor, que se extienden y tienen una gran influencia en el mundo físico.

El agradecimiento nos libera de nuestros patrones humanos egoístas de ingratitud, y nos conecta con todos los canales que el universo abre para derramarse sobre nosotros en infinito bienestar.

Nuestra única Fuente de bienestar es Dios, que utiliza diferentes canales para derramarse en forma de Amor sobre nosotros. El sentimiento de alabanza y de gratitud por la conexión con la energía de Amor del practicante del Arte de Ser Feliz, lo pone en sintonía con todas las riquezas del universo.

La luz de la Energía Universal del Amor de Dios

La luz es la Energía Universal del Amor incondicional de Dios Padre-Madre en quien tú eres. Es la fuerza más poderosa del universo que todo lo ordena y armoniza. Es tu propia luz que responde a tus pensamientos sobre ella. La luz del Amor es la energía potente que todo lo revitaliza, lo trasforma y lo sana. Es la fuerza creadora predominante en tu vida.

Es vital que reconozcas y afirmes:

Yo Soy la luz del mundo.
Yo Soy el Amor de Dios en acción para siempre.

Tu Ser superior divino siempre está conectado con la luz del Amor. Tu comprensión intuitiva de lo que es la luz y cómo conectarte con ella es fundamental en el proceso de sanación. El pensamiento de luz es todo pensamiento amoroso, divino.

La luz del Amor responde a tu pensamiento sobre ella, tu pensamiento de luz la atrae inmediatamente hacia ti y te pone en contacto con ella. Mientras más te conectes con la luz del Amor, más se cargan energéticamente las células de tu cuerpo, se trasforman y se sanan de toda memoria que no sea la memoria de Dios Padre-Madre en ti. Mientras más luz de Amor circule a través de tu cuerpo en los tratamientos de energía, más alta será tu vibración y mayor tu habilidad para trasformar todo tu mundo externo.

La respiración, el silencio, las afirmaciones de la verdad, el Mapa de Prosperidad y el Toque de Amor son potentes herramientas para conectarte y llenarte de la luz de la Energía Universal del Amor de Dios.

Cuanto más te conectes con la luz del Amor en ti, notarás que el chakra de tu corazón y tus otros centros de energía se activan y abren más y más. Confiarás más en el universo y en que nada puede dañarte si tú no le entregas tu poder. En la luz del Amor incondicional vives la paz de Dios, su dicha y su abundancia para siempre.

Para sanar cualquier situación en tu vida, conéctate con la luz del Amor por lo menos diez veces al día, llenando todo tu ser de ella, haciéndola circular a través de todo tu cuerpo y rodeándote de ella. Luego envía esa radiante energía de luz hacia la persona, situación o cosa que quieras sanar. Imagina que eres un cristal trasparente, un trasmisor de luz.

Imagina la luz emanando de tus manos, centros de vida; de tus pies, centros de perdón; de tu corazón, el centro de Amor incondicional, y del centro de tu cabeza, el centro de la sabiduría infinita. Imagina la luz emanando radiante de todos tus centros de energía iluminándote y dirigiéndose hacia lo que quieres iluminar y sanar. Los detalles se los entregas al universo. Ten la total confianza de que serás dirigido en la forma más perfecta desde la luz del Amor hacia el éxito y la prosperidad en todos tus asuntos espirituales y terrenales.

La luz del Amor que envías a los demás a distancia regresa a ti multiplicada.

Sigue los siguientes pasos para utilizar la luz del Amor:

Reconoce que tú eres la luz del mundo.

Conéctate con la luz utilizando el Toque de Amor, el silencio, la respiración y las afirmaciones de tu divinidad.

Llena todo tu ser de la luz del Amor en tu tratamiento de energía diario, inspírate en

ella, llévala a cada célula de tu cuerpo.
Permítele a la luz que se apodere totalmente
de tu vida.
Irradia la luz de tu Amor hacia donde tu
intuición te indique diariamente utilizando
las palabras de luz escritas y habladas del
Toque de Amor para enviarla a distancia.
Recuerda que con el Toque de Amor estás
trabajando en los planos superiores donde no
existe la distancia ni la separación.

*Meditación para evocar e irradiar la luz
de tu Ser superior*

La Energía Universal o la luz del Amor incondicional es la
potente energía del universo y está presente en todo tiempo y en todo lugar.

Aquiétate, respira profundamente conectándote con
tu Ser superior divino.

Reclama la luz de tu Ser superior y energízate en ella.

Siente la luz del Amor incondicional de tu Ser superior
circulando a través de toda tu persona, mente, espíritu,
emociones y cuerpo. Inspírate en ella, llena cada célula de
tu cuerpo de esta luz sanadora y perdonadora que te prospera y te levanta en conciencia.

Tu luz es preciosa, radiante. Envuélvete totalmente en
ella y siente tu cuerpo relajarse, ponerse cómodo, respirando libremente. Permite que la luz fluya a través de toda

tu persona: mente, espíritu, emociones y cuerpo. Siente el estado de dicha de tu ser inundado de la luz del Amor incondicional de Dios Padre-Madre en quien tú eres.

Respira profundamente. Reclama de nuevo tu luz.

La luz de tu Ser superior es una conciencia viva que responde a tu pensamiento y a los reclamos de tu ser.

Permite que la luz de tu Ser superior se avive en ti y circule a través de todo tu cuerpo, inundando cada célula, convirtiéndola en un centro de luz radiante, trasformando en cada una toda memoria que no sea la memoria de Dios en ti.

Lleva tu luz a la espina dorsal, imagínatela como una vara luminosa que se extiende mucho más abajo de tus pies penetrando la tierra, estableciendo en ella tus raíces de luz. Ahora extiéndela hacia tu cabeza y sobre ella hacia el cielo, haciendo contacto con el hermano Sol y la hermana Luna y con todas las estrellas del firmamento, llévala a tu familia, a tus seres amados, a toda la humanidad, a todas las generaciones de todos los tiempos y toda la creación. Todo está envuelto en la luz del Amor.

La luz de tu Ser superior te mantiene vivo en tu cuerpo físico, radiante en el mundo, trasformando en la luz todo lo que a ti se acerca. Por lo tanto ningún mal puede llegar a ti, pues es inmediatamente trasformado en la luz de tu Ser superior, y lo que no vibra en esta misma energía se aleja de ti inmediatamente.

Ahora dale el más precioso color a tu luz, escógelo desde tu intuición. Tú eres un artífice del universo capaz de inundar tu mundo de los más hermosos colores. Mira como tu luz se trasforma en un hermoso arcoíris que se extiende desde ti hacia todo el planeta Tierra envolviéndolo en la paz de tu Ser superior y trasformando en él toda tendencia desamorosa.

De nuevo tu luz se torna radiante con tonos azulados, irradiando la inocencia de tu Ser superior. Imagínate esa luz irradiando y convirtiéndose en un círculo que te rodea y se extiende desde ti llenando el lugar donde te encuentras. Siente la paz, el Amor, la dicha y el sentimiento de abundancia que te da la luz de tu Ser superior, unido para siempre a Dios Padre-Madre en quien tú eres.

Ahora energizado y revitalizado en la luz radiante del Amor incondicional, puedes enviar esta luz a donde tú quieras y a quien tú quieras, a alguna situación de tu vida que quieras resolver, a alguna persona a quien quieras asistir o apoyar, a tu cuerpo, a tus ideas, a animales, plantas, cosas, a lugares donde no se vive la paz y la abundancia de Dios porque falta el Amor. Imagínate tu luz irradiando desde tus manos, y llegando a donde tú quieras. Siente el estado de dicha en que vives al extender tu luz a todo y a todos.

Ahora levanta tu corazón en alabanza y acción de gracias a Dios Padre-Madre en quien tú eres por la infinita abundancia de la luz de su Amor incondicional que se te ha dado para tu propio bienestar y el bienestar de tus seres amados, toda la humanidad y toda la creación.

Gracias Dios Padre-Madre en quien Yo Soy por la luz radiante de tu Amor incondicional que es mía para siempre… Amén.

*El amor divino
produce resultados
perfectos siempre.
Juntos te damos gracias,
mi Dios, porque tu amor
vive y obra a través
de mí.*

Capítulo 4

El uso de la afirmación

En el Arte de Ser Feliz es muy importante para el adiestramiento mental el uso de la afirmación de la verdad sobre Dios, sobre nosotros mismos, sobre los demás, sobre la vida y utilizarla conjuntamente con el tratamiento de energía. Sobre todo el uso de la afirmación de la divinidad es fundamental.

La persona que tiene un conflicto tiende a pensar continuamente sobre éste, lo cual lo agrava y aumenta porque le está dando energía mental.

Las afirmaciones son importantes porque son rayos de luz que penetran en el inconsciente, para trasformar los pensamientos que están manifestando el problema. Al cambiar el pensamiento, se ven los resultados en el mundo físico porque la afirmación consciente de la verdad afecta positivamente nuestra experiencia de vida en una relación dinámica sanadora de la mente y el cuerpo.

El uso de las afirmaciones sobre la verdad nos conecta con nuestro Ser superior o mente superconsciente totalmente inocente, poderosa y perfecta, reflejo de Dios. La mente superconsciente es el almacén de todos nuestros poderes divinos. Es el Cristo en nosotros.

Las afirmaciones o las declaraciones ordenadas sobre la verdad deben practicarse con gran devoción, voluntaria y libremente, poniendo nuestra atención en ellas. Si nos distraemos, volvemos conscientemente a la afirmación de la verdad, poniendo la gran energía de nuestro pensamiento en ellas.

El poder de la fe es importante en la afirmación para dejar a un lado la duda y la desconfianza. Este proceso requiere paciencia, perseverancia y autodisciplina para poner atención en la repetición disciplinada e inteligente de las afirmaciones. Los resultados son milagrosos.

Afirmamos la verdad quitando nuestra atención de las apariencias externas que se manifiestan contrarias a lo que estamos afirmando. Llegará el momento en que lo que estamos afirmando traspasará la barrera de negatividad de nuestro pensamiento, trasformándolo en el pensamiento de Dios que estamos afirmando, que entonces pasa a ser parte de nuestras convicciones intuitivas. Así se disuelven las apariencias externas.

Cuando utilizamos las afirmaciones de la divinidad es importante reconocer que estamos utilizando los doce poderes que Dios nos regaló en el momento en que nos creó, para sanarnos y apoyar a otros en su proceso de sanación como facilitadores de la Energía Universal de Amor y vida.

Reconocemos que:

Yo Soy uno con Dios para siempre.
Todo lo que Dios es Yo Soy.
Todo lo que Dios tiene es mío.

De esta manera reconocemos que somos los hijos perfectos de Dios. Su presencia y energía en acción, nos mueve a utilizar los regalos que Dios nos otorgó en el momento en que nos creó como su hijo perfecto, para resolver todos los conflictos en nuestra experiencia de vida.

Reconocemos a Dios como Fuente infinita de la Energía Universal, pero reconocemos también que Dios se manifiesta de forma dinámica a través de nosotros sólo si le permitimos hacerlo reconociéndole en nosotros, abriéndonos como canal de su energía.

Cuando resolvemos un conflicto externo, la atención no está puesta en el conflicto físico sino en el poder infinito de nuestra mente. Lo resolvemos realmente en nuestra mente consciente.

El conflicto siempre denota que no estamos reconociendo alguna cualidad divina en nosotros, por lo tanto nuestra atención debe estar concentrada en esa cualidad, afirmándola continuamente. Por ejemplo, si sentimos miedo afirmamos fortaleza; si estamos enfermos, afirmamos vida y salud vibrante; si sentimos ira afirmamos Amor y Paz, y si tenemos escasez de dinero afirmamos abundancia.

La autosugestión

La afirmación de la verdad o la autosugestión es una de las herramientas más poderosas que conozco para adiestrar la mente hacia el éxito y la prosperidad. La autosugestión es una ciencia antiquísima puesta al día por Emile Coué, un farmacéutico francés que llevó a cabo muchísimas sanaciones con su sencilla afirmación «yo cada día me siento mejor y mejor». Su receta era repetirla por lo menos veinte veces al día. A mí me ha traído resultados milagrosos en mi vida.

El uso de la afirmación en el adiestramiento de la mente es un método tan sencillo para prosperar que a muchas personas les resulta desconcertante por su sencillez. La potencia del uso de la afirmación sistemáticamente se ha probado a través de los siglos. Debido a los resultados extraordinarios que he obtenido en mi vida, las afirmaciones aparecen continuamente en mis libros y escritos. Es una de las herramientas más potentes que ofrece el Arte de Ser Feliz.

Los grandes pensadores de la Edad Media utilizaron las afirmaciones como parte de sus enseñanzas, ya que reconocían que todas las fuerzas del universo estaban dispuestas a servirnos si aprendíamos a adiestrar nuestra mente para ponerlas en movimiento a favor nuestro.

Cuando tú dominas el arte de la afirmación consciente de la verdad, has tomado en tus manos las riendas de tu vida y te conviertes en dueño y señor del más milagroso instrumento concebible; tu propia mente, que gobierna tu vida.

Cuando te enfrentes con un conflicto o quieras emprender una aventura, programa tu mente con afirmaciones positivas, repitiendo ideas de éxito, reconociendo que para ti no hay imposibles, que tú puedes tenerlo todo, que no hay obstáculo que tú no puedas superar, que tus sueños sin lugar a dudas se harán realidad.

El uso consciente y consecuente de la afirmación de la verdad también levanta tu autoestima y cambia tu autoimagen. Tu autoimagen es un retrato perfecto de lo que tú crees que eres. Cuando estás afirmando continuamente la verdad estás introduciendo un nuevo programa en tu mente y el resultado es una nueva personalidad.

Afirmaciones diarias de tu divinidad Yo Soy:

Dios es en mí para siempre, Dios es en mi
    mundo para siempre… Amén.
Yo Soy tu presencia, mi Dios, en acción para
    siempre.
Yo Soy tu alegría, mi Dios, en acción para siempre.
Yo Soy tu energía, mi Dios, en acción para
    siempre.
Yo Soy tu inocencia, mi Dios, en acción para
    siempre.
Yo Soy tu creatividad, mi Dios, en acción para
    siempre.
Yo Soy tu abundancia, mi Dios, en acción para
    siempre.

Yo Soy tu productividad, mi Dios, en acción para siempre.

Yo Soy tu fortaleza, mi Dios, en acción para siempre.

Yo Soy tu luz, mi Dios, en acción para siempre.

Yo Soy tu libertad, mi Dios, en acción para siempre.

Yo Soy tu paz, mi Dios, en acción para siempre.

Yo Soy tu Amor, mi Dios, en acción para siempre.

Yo Soy tu esperanza, mi Dios, en acción para siempre.

Yo Soy tu sabiduría, mi Dios, en acción para siempre.

Yo Soy tu paciencia, mi Dios, en acción para siempre.

Yo Soy tu perseverancia, mi Dios, en acción para siempre.

Yo Soy tu vida, mi Dios, en acción para siempre.

Yo Soy tu salud vibrante, mi Dios, en acción para siempre.

Yo Soy tu fe, mi Dios, en acción para siempre.

Yo Soy tu belleza, mi Dios, en acción para siempre.

Yo Soy tu inteligencia, mi Dios, en acción para siempre.

Yo Soy tu pensamiento, mi Dios, en acción para siempre.

Yo Soy tu discernimiento, mi Dios, en acción para siempre.

Yo Soy tu imaginación, mi Dios, en acción para
siempre.

Yo Soy tu comprensión, mi Dios, en acción para
siempre.

Yo Soy tu persistencia, mi Dios, en acción para
siempre.

Yo Soy tu humildad, mi Dios, en acción para
siempre.

Yo Soy tu verdad, mi Dios, en acción para
siempre.

Yo Soy tu orden, mi Dios, en acción para
siempre.

Yo Soy tu perfección, mi Dios, en acción para
siempre.

Yo Soy tu poder, mi Dios, en acción para
siempre.

Yo Soy tu compasión, mi Dios, en acción para
siempre.

Yo Soy tu Voluntad, mi Dios, en acción para
siempre.

Gracias, mi Dios Padre-Madre, porque Yo Soy en ti para
siempre... Amén.

Capítulo 5

El manejo del cuerpo

El Toque de Amor tiene un efecto revitalizador en la mente y el cuerpo. Sin embargo, además del tratamiento diario de energía, es importante manejar el cuerpo adecuadamente con una buena nutrición, descanso, ejercicio físico y ejercicios de respiración.

El mismo tratamiento de energía nos va llevando a un equilibrio interno, que nos ajusta el consumo de alimentos y nos aleja del desorden con la comida.

La higiene del cuerpo es también muy importante. Se recomiendan dos baños diarios. Mantener la mente y el cuerpo limpios nos ayuda tremendamente en el proceso de crecer espiritualmente.

Para descansar el corazón es importante aprender a descansar en Dios en el silencio, lo cual nos lleva a cultivar la paz mental. Esto nos rejuvenece, alerta y revitaliza.

Toda sanación es realmente mental y se manifiesta en la cura externa del conflicto.

El reconocimiento de que somos imagen y semejanza de Dios, Seres superiores espirituales divinos, perfectos y poderosos, nos levanta del nivel de conciencia físico, y trasforma el pensamiento de enfermedad, muerte, escasez y limitación.

La materia es energía indestructible que cambia de forma; nuestra parte emocional y mental experimenta experiencias que cambian de acuerdo al estado de conciencia. Sin embargo nuestra esencia espiritual divina es indestructible, infinita, perfecta, poderosa, eterna e inmutable.

El conflicto externo no es el resultado de causas físicas. Es el resultado de pensamientos falsos que crean bloqueos de energía vital en el mundo físico material, lo cual vemos físicamente como un conflicto que se manifiesta de diversas formas: enfermedades, escasez de dinero, limitaciones, agravios y resentimientos en las relaciones y falta de tiempo. Todo esto es el resultado de inactividad o estancamiento de la Energía Universal internamente.

El conflicto sólo puede resolverse activando el movimiento de la Energía Universal interna y desde luego moviéndonos en el mundo físico, abriéndonos a la guía divina y utilizando los métodos externos que se nos indiquen para resolver los conflictos. Por ejemplo: atención médica, uso de medicamentos, diálogo en las relaciones, administración responsable del dinero y otros. Sin embargo las ayudas externas de nada valen si no nos sanamos internamente, trasformando nuestros pensamientos erróneos.

La fe en acción, el uso creativo de la imaginación, nuestros poderes divinos, es lo que realmente nos lleva a estimular, activar, aumentar y dirigir la energía de vida universal para manifestar cambios en el mundo físico.

En el Toque de Amor, al activar la energía aprendiendo a usar los sonidos y las palabras universales para manejar la Energía Universal conscientemente, se nos garantiza la eficacia de las acciones externas. Éstas son dirigidas por la Energía Universal una vez nos conectamos con ella, al ser activados nuestros centros de energía de vida en las manos con las palabras universales.

La respiración, el silencio, las afirmaciones de la divinidad, el Mapa de Prosperidad, utilizados conjuntamente con los tratamientos de energía, dirigen la Energía del Amor para conectarnos con nuestra mente superconsciente, el Cristo unido a la Mente Universal. Es aquí donde comprendemos que es imposible separar el mundo físico del mundo espiritual, y cuando lo integramos se resuelven todos los problemas producidos por la falta de equilibrio y armonía creados por el pensamiento falso de separación.

Afirmaciones para mantener una buena salud física

Yo no Soy un cuerpo, yo Soy libre.
Yo Soy un espíritu perfecto, bendita semejanza.
Mi cuerpo es bello, saludable, sensual, ágil,
    delgado y flexible.
Yo Soy un Ser divino espiritual viviendo una
    experiencia física.
Yo Soy eternamente joven.
Yo no tengo edad.

Mi Ser divino es mi autoridad en el área de nutrición y manejo de mi cuerpo.

Curar es ser feliz.

Mi Ser divino sabe cuál es mi peso ideal y lo mantiene.

Yo manejo mi cuerpo responsablemente y con sabiduría.

La voluntad de Dios es que yo tenga salud perfecta.

Mi cuerpo está en armonía con mi espíritu y con mi mente.

Lo único que yo necesito para mantener mi salud vibrante es la comunión con mi Dios.

El alimento es energía que se convierte en salud y belleza para mi cuerpo.

Yo descanso en mi Dios y me sano.

La belleza es interior. Yo Soy bello porque mi Ser divino es precioso.

Mis manos son instrumentos milagrosos para mantener mi cuerpo vibrante en salud.

La luz vibrante del Amor sana cada célula de mi cuerpo.

Mi cuerpo es el templo de mi Dios.

Mi cuerpo es sagrado.

Mi cuerpo se mueve armoniosamente con la melodía del universo.

La sabiduría infinita en mí regula con armonía todas las funciones de mi cuerpo.

Mi visión interna y externa es perfecta.

Gracias, mi Dios, porque todo esto es así aquí y ahora… Amén.

Sugerencias para mantener tu salud vibrante

Estamos viviendo un momento de la historia en el cual hay mucha confusión con relación al manejo adecuado del cuerpo. En la era de la informática, nos bombardean con una tremenda sobrecarga de información que muchas veces se contradice. Diferentes opiniones causan confusión porque cada maestro tiene su propio sistema. Las personas ya están cansadas de que les digan lo que tienen que hacer.

El Arte de Ser Feliz te da la única alternativa: lograr la comunión con Dios. De esta manera serás dirigido por tu intuición y sabrás lo que tienes que hacer en todo momento. También te ofrece sugerencias sencillas para que puedas ir haciendo cambios que tengan sentido, para que desarrolles un estilo de vida que apoye tu cuerpo para mantener su salud vibrante:

Escoge un camino espiritual y sé muy disciplinado en tu vida de oración.
Escoge un sistema de nutrición rico en nutrientes que revitalicen las células de tu cuerpo.
Disminuye el consumo de grasas.
Añade más vegetales y frutas frescas, cereales y granos a tu dieta.

Toma por lo menos seis vasos de agua pura al día.

Sustituye las harinas refinadas por harina integral.

Disminuye el consumo de azúcar y sustituye el azúcar blanco por azúcar moreno o miel.

Disminuye el consumo de alcohol y café.

Deja de fumar.

Date un masaje semanal.

Haz un ayuno semanal de zumos de frutas frescas y de vegetales.

Toma por lo menos un buen baño al día para mantener tu aura limpia.

Haz una cura de reposo por lo menos una vez al mes. Esto es un día de descanso total.

Descansa bien, aprende a relajarte. Tómate un té de hierbas relajantes antes de acostarte a dormir por la noche.

Camina por lo menos veinte minutos diarios.

Consulta con tu médico sobre estas sugerencias antes de integrarlas en tu vida diaria.

El baño

El baño es fundamental para una buena salud y debe de convertirse en un hermoso ritual en nuestras vidas. Nunca debemos tener prisa durante el baño.

Utiliza un jabón natural preferiblemente de sales minerales y una loofa o esponja fuerte para frotar la piel.

Utiliza también un cepillito de cerdas naturales para limpiar las uñas de los pies y de las manos y cepillar el área de los pies, tobillos, rodillas y codos.

Enjuaga todo el cuerpo con una ducha de agua tibia. Luego, aún con el cuerpo mojado, utiliza un buen aceite de baño o avena suavizante. Este baño se hace una vez al día.

El segundo baño es más bien una ducha refrescante para limpiar el aura y sentirse frescos y relajados.

Las curas de reposo

Las curas de reposo son indispensables para una buena salud tanto física como mental.

Se trata de dedicar un día a la semana a un descanso total. Si todavía no estás listo para relajarte ese día semanal, por lo menos cada quince días. Si esto te parece mucho, necesitas un tratamiento intensivo de aquietamiento y te urjo a que sin pensarlo mucho busques un día al mes para reposar.

Cuando de veras nos amamos, el día de reposo cobra vital importancia en nuestras vidas porque reconocemos sus efectos terapéuticos y revitalizadores.

Se trata de no hacer absolutamente nada ni física ni mentalmente durante un día entero, veinticuatro horas. Es el día para descansar relajadamente nuestro cuerpo en la cama, oyendo música, leyendo un buen libro, soltando absolutamente toda actividad en el mundo externo.

Es importante preparar nuestra habitación el día antes, ponerla bien limpia y ordenada, con flores e incienso si nos agrada, sábanas y fundas limpias, y nuestra más exquisita ropa de dormir. Si no tenemos quien nos prepare la comida, debemos prepararla el día antes, teniendo en cuenta que sea una dieta bien nutritiva pero liviana.

Las curas de reposo son ofrendas de amor que nos hacemos a nosotros mismos.

No esperes a enfermarte para reposar.

Ayuno semanal

El ayuno semanal es una práctica de vital importancia para mantenernos en armonía física, mental, emocional y espiritual.

El ayuno se basa en zumos de frutas frescas y caldo de vegetales. El caldo de vegetales será de patatas, repollo y zanahorias. No se consumen los vegetales, solamente el caldo, al que se le puede añadir un poco de condimento vegetal concentrado.

Se comienza el ayuno con un zumo de frutas (115-230 ml).

A las dos horas siguientes se consume lo mismo.

Dos horas más tarde toman 1 o 2 tazas de caldo de vegetales.

Dos horas después toma un zumo de frutas frescas.

A las dos horas un caldo de vegetales y luego dos horas después otro caldo de vegetales.

Si se desea se puede tomar antes de acostarse un té de hierbas con miel de abejas o un vaso de 230 ml de zumo de frutas naturales.

Recomiendo que al día siguiente se coman sólo frutas frescas por la mañana y que luego se continúe con la dieta regular liviana y natural. Consulta esta práctica con tu médico.

El masaje

El masaje es una de las prácticas más importantes en el manejo del cuerpo. Es importante desde nuestra intuición seleccionar a la persona con quien vamos a compartir la experiencia de un buen masaje. Es sobre todo de vital importancia que el masajista sea un profesional debidamente adiestrado en este arte. El cliente busca al masajista para que lo apoye en su proceso de mantener su salud vibrante, y si no se hace una buena selección, la persona que recibe el masaje puede salir muy perjudicada de la experiencia.

La técnica del masaje consta de seis técnicas diferentes: la presión, la vibración, el toque, el amasamiento, la fricción y la percusión.

El masaje es uno de los medios más potentes para desbloquear energías en el cuerpo, eliminar toxinas, activar el sistema circulatorio y los sistemas de eliminación.

El masaje varía de acuerdo a las necesidades de las personas. Un buen masajista es altamente intuitivo y, lejos de violentar los procesos vitales del cuerpo forzando el organismo, llevará a su cliente poco a poco, estimulándolo, a ponerse en contacto con su cuerpo y sus emociones, venciendo su resistencia a la manipulación de su cuerpo.

Un buen masaje es una de las experiencias más ricas y es altamente revitalizador.

Cómo desbloquear los miedos en el cuerpo

Los miedos causan bloqueos de energía en el cuerpo y producen malestar, dolores y enfermedad. Por eso es tan importante la vida de oración, porque la comunión con Dios te llevará a eliminar el miedo totalmente de tu vida.

Los siguientes ejercicios son para sanar los miedos en el cuerpo utilizando imágenes, luz y color. Pueden realizarse en cualquier lugar y es importante hacerlo, si se puede, diariamente con este propósito.

Siéntate o acuéstate cómodamente, consciente como te expliqué anteriormente.

Cierra los ojos. Haz varias respiraciones poniendo toda tu atención en el acto de respirar.

Recuerda que en cada inspiración, inspiras la luz de Dios Padre-Madre. En cada espiración te abandonas en sus brazos y le entregas tus miedos y preocupaciones.

Cuando estés relajado ponte en contacto con tu cuerpo y pregúntale dónde está concentrado tu miedo en este momento.

Continúa respirando conscientemente. Pon atención a tu cuerpo y recibirás la respuesta bien clara. Puede ser en una sensación física o en una respuesta auditiva o visual interna.

Confía en la sabiduría de tu cuerpo y cuando recibas la respuesta conéctate con el área afectada por el miedo. ¿Qué sientes, o ves, o hueles?, ¿ves color?

Continúa respirando conscientemente y pregúntale a tu cuerpo qué color necesita para disolver el miedo. Acepta el primer color que recibas.

Ahora utilizando la luz y la Energía Universal, visualiza esta luz penetrando por tu coronilla e inundando todo tu cuerpo de luz. Respirando aumentas la cantidad de luz que llega a ti. Tu cuerpo está radiante de luz.

Ahora dale a la luz el color que tu cuerpo te pide y envíalo al lugar afectado por el miedo. Siente como el área se llena de color radiante disolviendo todos tus miedos. Continúa inundando esta área de color hasta que tu Ser te indique que es suficiente.

Siente como la paz y el gozo se instauran en ti.

Cuando estés listo da gracias y alaba a Dios en ti por el regalo de la luz sanadora de su Amor perdonador, abre tus ojos y regresa al mundo físico reconfortado.

Puedes utilizar este ejercicio siempre que te sientas atemorizado. Grábalo con tu voz. Puedes escucharlo mientras te das tu tratamiento de energía.

La glándula pituitaria

La glándula pituitaria se encuentra en el centro del crá-
neo, detrás del puente de la nariz, no es más grande que
un guisante y sin embargo se ha conocido siempre como
la glándula maestra, porque dirige la actividad endocrina
en unión al hipotálamo. Se considera que es la generadora
de la hormona de vida, que no es una sola hormona, sino
un grupo de hormonas que controlan el metabolismo y
son las responsables del proceso de rejuvenecimiento. Activan el sistema circulatorio y revitalizan las células esti-
mulando la regeneración de tejidos. Mantienen en equilibrio el sistema nervioso y endocrino y por lo tanto el
sistema inmunológico y todos los sistemas del cuerpo.

Siendo la glándula pituitaria un factor tan importante
en el proceso de preservar tu salud vibrante, es vital man-
tenerla activa y energizada. Esto lo logras con la primera
posición de la cabeza del Toque de Amor y la siguiente
afirmación:

Mi Dios:
En tu santa presencia mi Dios Padre-Madre, yo
reconozco la función vital de mi glándula pituitaria
y le doy gracias por haberme servido perfectamente
aquí y ahora. Habiéndome perdonado y perdonado a
mi mundo comenzando por mi cuerpo, he reconocido
que Yo Soy un ilimitado Ser de luz, libre para crear
un nuevo mundo para mí y mis hermanos en
perfección y orden divino. Aquí y ahora yo elijo el

proceso de regenerar, revitalizar y rejuvenecer mi cuerpo para que sea un reflejo perfecto de tu santa presencia, mi Dios.

Yo te ordeno, glándula pituitaria, que desde este instante santo tú comiences a producir la hormona de vida que mi cuerpo necesita para regenerarse, revirtiendo el proceso de envejecimiento y de enfermedad producto de mi pensamiento erróneo.

De ahora en adelante harás tu trabajo en orden divino para ayudarme a aumentar en mi experiencia la luz, la vida y la salud vibrante que le pertenece al hijo perfecto de Dios.

Gracias, mi Dios, por tu santa presencia en mi vida, y por tu energía perdonadora y prosperadora que está obrando en la trasmutación de mi pensamiento erróneo y sus efectos, para que yo piense y crea como tu hijo santo y perfecto. Juntos te damos gracias y decimos… amén.

*Yo deseo
aquietarme
para escuchar la verdad.
Juntos te damos
gracias, mi Dios,
y decimos…
amén.*

Capítulo 6

Los asistentes espirituales

El Toque de Amor y el mundo espiritual

Es importante entender que cada individuo tiene presente en su vida entidades adelantadas, seres de luz que nos acompañan en los momentos de transición y en nuestro proceso de alertamiento.

Los asistentes espirituales pueden estar físicamente con nosotros y nos inspiran continuamente con su luz interna. También nos asisten espiritualmente con su potente energía de Amor y su sabiduría personas que han dejado su cuerpo. En la medida en que adelantamos espiritualmente, vamos identificando estos seres de luz. En mi caso, me asisten el Maestro Jesús; María la madre del Maestro; Micao Usui, a quien le fue inspirado el proceso de Reiki; Takata, que trajo Reiki a los Estados Unidos; Joel Goldsmith; mis padres; mi abuela y cuatro tías. También nos asisten los ángeles y los arcángeles.

Estos seres de luz se unen a nuestro Ser superior y nos apoyan y asisten en el proceso de comunión con Dios

Padre-Madre. En este proceso es donde reconocemos que somos seres superiores divinos. Ha llegado el momento de la iluminación, al cual más y más personas son llamadas a alcanzar la plenitud en el plano físico manifestándose como seres superiores de luz en el planeta Tierra.

Nuestros asistentes espirituales nos apoyan con su Amor incondicional, nos mantienen en la luz del Amor, nos enseñan a reclamarla y utilizarla en nuestro proceso de sanación, y nos indican lo que debemos hacer para ponernos en contacto con nuestra propia sabiduría y poder, para que cada persona se convierta en su propio maestro.

Es muy importante en este proceso que el estudiante del camino espiritual sólo acepte la información que para él tenga sentido y que pueda asimilar en cada ciclo de su movimiento de ascensión a la verdad, sin preocuparse de lo que no entienda o no tenga sentido.

Una parte muy importante del proceso es aprender a crecer gozosamente y no con lucha, sufrimiento y esfuerzo.

Es importante que aprendamos a hacer silencio, utilicemos la visualización junto a la afirmación en el Mapa de Prosperidad y utilicemos nuestra energía de Amor al máximo con los tratamientos de Energía de Amor.

Llegará el momento en que estas técnicas sean habituales, se usen automáticamente y sean naturales en nuestras vidas, pero para ello es indispensable dedicarnos un tiempo razonable al estudio y aplicación de estas herramientas con disciplina, decisión, determinación, dedicación y, muy importante, alegría, porque el proceso debe tornarse divertido y fascinante. El crecimiento espiritual debe ser una continua fiesta de enriquecimiento.

Es esencial vivir el Amor incondicional y aprender a extender la luz de nuestro Amor a todo y a todos.

Es importante formar comunidades de Amor donde nos unamos en los más altos propósitos e ideales para celebrar a Dios, asistiéndonos y apoyándonos los unos a los otros desde nuestro centro de luz en el Amor. Cada comunidad de Amor forma parte de un grupo mayor que genera una inmensa cantidad de la poderosa energía del Amor que está laborando en el alertamiento del planeta y de todas las generaciones de todos los tiempos.

El primer paso en el proceso de ascensión es reconocer nuestro Ser superior, la bendita semejanza, el Yo Soy conectado para siempre al Origen, Dios Padre-Madre que nos creó a su imagen y semejanza. De esta manera nos conectamos con la luz del Amor incondicional de Dios, con la Mente Universal y el poder del universo.

El segundo paso es abrir nuestro corazón y nuestra mente al Amor para armonizar nuestra persona total: espíritu, mente, emociones y cuerpo. De esta manera cada día nos sentiremos mejor en nuestro cuerpo físico en la medida que nuestras células se van abriendo a la luz del Amor de Dios. Desde aquí abrimos nuestro ser a la abundancia de bienestar que Dios tiene para nosotros, escogeremos otra vez y cambiaremos nuestras vidas a vidas exitosas y abundantes.

Al reconocer la luz del Amor en nosotros y aprender a trabajar con ella nos damos cuenta de que no hay separación entre el mundo espiritual y el físico. La sustancia y la forma son una. Entonces nos sentimos unidos a toda la creación.

Así amamos nuestras creaciones como parte integral nuestra que son. De esta forma nos damos cuenta de quiénes somos, descubrimos nuestro propósito aquí y ahora, y cómo llevarlo a cabo dando un servicio verdadero.

Tu templo de la luz

Tu templo de la luz es un lugar espiritual, hermoso, que vas a crear para ti para tenerlo a la mano cada vez que sientas la necesidad de ir al templo a unirte en oración a tus hermanos en la luz, o a buscar un lugar de recogimiento para entrar en tu mundo espiritual y conectarte con la divina presencia.

Tu templo de la luz es el lugar a donde irás para buscar dirección, inspiración, sabiduría y comprensión, y te pondrás en contacto con tu Amor incondicional y con tu Ser superior divino que vive siempre en presencia de Dios.

Éste es el templo creado para ti en el universo, en el cual te reunirás con tus asistentes espirituales, tus ángeles y tus arcángeles, que con su luz de Amor lo energizan para ti. Estos seres de luz te apoyan en el reconocimiento de tu Ser superior unido para siempre a tu Dios Padre-Madre en quien tú eres y con el que te mueves.

En tu templo podrás crear todo lo que quieras. Este lugar está energizado para ti día y noche, lleno de la luz del Amor incondicional. En este templo de luz harás más poderosa la visión de tu Ser superior, por lo cual manifestarás con más facilidad todo lo que le reclamas a la vida. En él sanarás tu pasado para crear un presente y un futuro feliz. En este templo podrás energizar en el Amor todas las células de tu cuerpo trasformando en ellas toda memoria que no sea la memoria de Dios en ti. Aquí podrás energizar tu vida total y crear tu nuevo mundo feliz y abundante.

Todas las herramientas que has recibido hasta este momento se harán más potentes al utilizarlas dentro de tu templo de la luz, al cual puedes entrar cada vez que quieras.

Este templo es el símbolo de tu Ser superior, amoroso, sabio, pacífico, alegre, inocente, que te guía y te ilumina siempre.

Meditación de visualización para crear
tu templo de la luz

Respira profundamente conectándote con tu Ser superior y la divina presencia. Respira reconociendo que cuando inspiras, inspiras la luz potente del Amor perdonador y prosperador de Dios Padre-Madre en quien tú eres y te mueves. Éste es el Amor incondicional, la Energía Universal. Cuando espiras te entregas totalmente al Amor. Estás aquí y ahora en el planeta precisamente para iniciarte en la experiencia de este Amor.

Siente como tu cuerpo se va relajando y sintiéndose cómodo al llenarse de la luz del Amor.

Y ahora respirando rítmica y armónicamente, traspórtate a un hermoso bosque lleno de árboles cargados de deliciosos frutos y de veredas llenas de flores. Escucha el canto de los pajaritos que alegres revolotean jugando con las hermosas mariposas que abundan gozosas en el lugar. Siente y escucha el sonido del manantial de agua pura y fresca que mana de su interior.

Estás en un mundo nuevo, hermoso, y estás en un viaje de luz buscando tu lugar de paz y oración en el templo de la luz, ¡qué maravilloso es este nuevo mundo, fresco, abundante, excitante, lleno de aventuras y de bienestar, aventuras gozosas que te conducen a la paz y a la experiencia de Dios en el Amor incondicional!

Frente a ti aparecen innumerables caminos que conducen al templo de la luz.

Ahora respira varias veces, entra en tu silencio y desde tu intuición escoge el camino que más te agrade. Todos conducen al templo de la luz, pero hay una ruta para ti, tu propia ruta. Encamínate hacia tu templo lleno de alegría como en la víspera de reyes, cuando sabías que te esperaban hermosos regalos.

Imagínate frente a tu radiante templo de la luz. Míralo en todos sus detalles. Respira y comienza a crear para ti el más hermoso lugar de oración. Acércate cada vez más a la entrada de tu precioso templo.

Examina bien la puerta. Es la puerta hacia el infinito. Mira la cerradura y el mango luminoso que la abre. Extiende tu mano, agarra el mango y lentamente abre la puerta.

Estás en el umbral de un nuevo mundo, el infinito, los planos superiores, donde no existe el tiempo, ni la distancia ni la limitación.

Un paso hacia dentro te libera de tu pasado y te lleva hacia el instante santo, el eterno presente en el cual puedes crear tu futuro gozoso, amoroso, abundante y en continua experiencia de la paz de Dios.

Respira y decídete a dar el paso que te conduce hacia los tesoros eternos, inmutables, dentro del plan divino para ti, perfecto y ordenado.

Ya estás adentro, todo lo que no era de Dios se quedó atrás. Respira y siente la alegría de haber llegado al lugar que has buscado durante tanto tiempo.

Examina el interior de tu templo de la luz y escoge tu lugar de poder en el cual te sentarás o te acostarás para trabajar con la luz del Amor de Dios para energizarte y energizar a tus seres amados, tus compañeros de viaje con el Toque de Amor.

Respira profundamente y siente el movimiento de la energía del Amor, la paz, la dicha y el sentimiento profundo de abundancia de este rico lugar.

Añade a tu templo lo que tú quieras. Tú eres el artífice del universo y tienes el poder para crear lo que tú quieras, como lo quieras.

Añade el mobiliario que necesites para tu alto propósito de trabajar con la luz de Amor de ahora en adelante. Completa tu lugar de poder con los toques y colores que quieras crear. Aplica el colorido radiante de luz luminosa. Añade todo aquello que te ayude a sentirte gozoso y abierto al Amor.

Convoca la presencia de tus asistentes espirituales, ángeles y arcángeles, a tu templo y pídeles que formen un círculo de Amor contigo en el lugar que has escogido para orar y trabajar con la luz del Amor incondicional.

Imagínate un poderoso rayo de luz que sale de tu corazón y penetra en el corazón de tus asistentes, esos seres de luz que te rodean para asistirte y apoyarte en tu proceso de sanación, es la luz que los une en el Amor incondicional de Dios Padre-Madre, en Quien Yo Soy, Tú eres, Ellos son. Siente la potente energía de Amor vibrando en toda tu persona: cuerpo, mente, espíritu y emociones.

De ahora en adelante, cada vez que tú te centres en oración en tu templo, esta potente energía de Amor te inundará purificando y trasformando en cada célula de tu cuerpo toda memoria que no sea la memoria de Dios en ti.

En este lugar y en esta energía están las respuestas a tu vida total. Cuando decidas dejar el templo para ir de nuevo al mundo a manifestar a Dios a través de tu Ser superior, pon tu mano derecha sobre tu corazón. De la misma manera cada vez que quieras regresar a tu templo, al círculo de Amor con tus asistentes espirituales, la mano derecha sobre tu corazón te sitúa instantáneamente en el círculo de Amor en tu templo de la luz.

De ahora en adelante utilizarás tu templo para llenarte cada día más de la radiante luz del Amor de Dios. Esta luz te lleva a entender tu proceso de vida.

Honra este lugar sagrado donde entras para ascender en la verdad y aprender a amar sin condiciones, que es tu único propósito para lograr tu única meta de vivir en paz interior para siempre, teniendo como única función el perdón, y como única fuente de orientación tu voz interior, la voz de Dios que te habla en el silencio de tu corazón. Y ahora cuando estés listo, sin perder el contacto con la alegría que has vivido en esta experiencia, pon tu mano derecha sobre tu corazón y regresa al mundo.

Mi Dios,
tu amor es
mi único sustento.
Juntos te damos
gracias y decimos…
amén.

Capítulo 7

La experiencia del color

en la luz del Cristo

Tú eres luz luminosa, una esencia radiante capaz de crear perfección, orden y abundancia de bienestar espiritual y material para ti y tus seres amados infinitamente y para siempre.

Ábrete en tu tratamiento de energía a la experiencia de la luz y del color, que te llevará a experimentar el pulsar y el apasionamiento de la vida, esa esencia infinita y perfecta de la cual emana toda la creación, luz radiante, sabia expresión de la Energía Universal del Amor de Dios.

Tú eres un Ser superior radiante de luz. Permite que tu intuición te dirija en tu tratamiento de energía hacia el centro del universo, el corazón de Dios, donde la serenidad y la belleza son infinitas, donde tocamos la infinita sabiduría de Dios en el silencio. Aquí no existe el tiempo, las palabras, ni las distancias. Existe únicamente Dios como es Dios, y su verdad absoluta, en el reino radiante de la luz donde encontramos los tesoros eternos: Amor, paz, dicha, abundancia, armonía y orden divino.

Conoce ahora las doce gemas, metales preciosos y colores de la luz del Cristo, el Ser superior divino.

1. El rayo rojo del rubí

Ministerio de la gracia de Dios. Servicio verdadero. Pasión por la vida. El rojo en sus diferentes tonalidades trasmuta las emociones de miedo, ira y tristeza y las convierte en Amor. Corresponde al centro de energía del corazón, el centro del Amor y de los sentimientos. Activa el poder del Amor. La glándula que energiza es el timo.

2. El rayo rosado de la rosa de Francia

El color del perdón y de la rosa rosada símbolo de la verdadera riqueza. Corresponde al centro de energía de los pies, el centro del perdón. Activa el poder perdonador y prosperador del Amor de Dios. La glándula que energiza es el timo. Rejuvenece las células.

3. El rayo verde de la esmeralda

El color de la verdad que nos libera de los errores de nuestra mente y sus consecuencias en el mundo físico. Corresponde al centro de energía de la frente, el centro de la fe. Activa el poder de la fe. Energiza la glándula pituitaria. Sanación general. Equilibrio. Orden divino. Activa el tercer ojo que es el ojo del Cristo, la visión interna, que ve el mundo espiritual más allá del mundo material. Es la visión del Cristo que ve lo real, lo verdadero, ve el mundo físico con una nueva percepción, ve más allá del mundo convulso, violento erróneo y recuerda el mundo perfecto, real, ordenado, feliz y abundante disponible para todos los hijos de Dios.

4. El rayo violeta de la amatista

El color de la libertad. De la trasformación. Corresponde al centro de energía de las manos. El centro de la vida. Activa el poder de la vida eterna. Activa la intuición. Demuestra la conexión con el Ser superior divino, el Yo Soy, el Cristo que vive siempre en la divina presencia. Trasmutación del ser humano para convertirse en el Ser divino. Sentimiento de vida eterna, de inmortalidad. Activa el poder de sanación a través de las manos que imparten vida.

5. El rayo amarillo del topacio

El color de la prosperidad. Iluminación en la toma de decisiones. Corresponde al centro de energía de la garganta, el centro de la sabiduría. Activa el poder de la sabiduría y el discernimiento. La glándula que energiza es la tiroides. Equilibra el intelecto y la intuición. Abre la mente y el corazón a la prosperidad. Energiza y equilibra el área de dinero. Activa la creatividad y la productividad. Ilumina la mente en la gracia del Espíritu Santo.

6. El rayo azul índigo del zafiro

El color de la Voluntad de Dios. Corresponde al centro de energía de la coronilla, el centro del poder de la Voluntad.

Activa el poder de la voluntad de Dios. Energiza la glándula pineal. Abre la mente a nuevas ideas. Reconocimiento de la divina presencia y la bendita semejanza. Denota conexión con el maestro interno. Aumenta la seguridad en uno mismo. Armoniza las relaciones porque en la presencia de este rayo no existe el control ni la manipulación.

7. El rayo plateado del diamante
El color de la fortaleza. Corresponde al centro de energía del plexo solar, el centro de la fortaleza. Energiza el páncreas, activa la seguridad en la divina presencia y la confianza en uno mismo. Paciencia. Perseverancia. Experiencia profunda del Amor de Dios. Comunicación con Dios.

8. El rayo anaranjado del coral
El color del propósito divino. Corresponde al centro de energía del área genital. El centro del gozo y el entusiasmo y de la creatividad. Activa el poder del gozo y el entusiasmo. Activa el eros o la fuerza creativa del universo. Pensamiento alto. Trasmutación del sexo. Valor para extenderse en Amor y comunicarse con claridad.

9. El rayo aguamarina
Corresponde al centro de energía del ombligo. Activa el poder de la comprensión. El fin de los misterios. Se revelan los Registros Akáshicos. Al verlo todo desde la visión del Cristo se activa la fe en lo real, lo verdadero, todo lo que es creación divina. Claridad mental. Tolerancia.

10. El rayo magenta

Corresponde al centro de energía del cóccix. Activa el poder del orden divino. Ordena el mundo interior y a su vez el exterior. Establece la armonía divina en todos los asuntos terrenales. Armoniza los pensamientos y emociones. Aumenta la efectividad.

11. El rayo dorado

Corresponde el centro de energía de mitad del pecho. Activa el poder de imaginación o poder creativo. Activa la capacidad de visualizar el mundo de Dios. El cielo en la tierra. Comprensión del plan divino, ve el propósito, función, misión y talento principal. Aumenta la creatividad y la productividad. Paz eterna. Luz divina.

12. El rayo blanco de la perla

Corresponde al centro de energía en el área del bazo. Activa el poder de manifestación. Reconocimiento de la inocencia del Hijo de Dios. Acelera el proceso de manifestación del bienestar en el plano físico. El poder de manifestación es activado por la fe. Limpieza del aura y mayor potencia de la luz. Ausencia de dolor. Paz y consuelo.

Es importante notar la importancia del color en el proceso de sanación. Es vital saber que no se puede forzar la activación de los colores. Cada persona está envuelta en el color que necesita en el momento preciso. El Cristo o el Ser superior divino en cada persona es el que dispone la activación del color que la persona requiere en cada momento específico de su proceso de sanación. Cuando en meditación vemos un color o varios colores; ésos son los que tenemos activados en ese momento en nuestro campo energético o aura. De la misma manera que si vemos el aura de otra persona, el color que vemos es el que esa persona necesita en ese momento.

Si vemos gris o negro en el aura, la persona está en oscuridad. También denota distorsión de valores y desconexión de lo divino.

Si vamos a trabajar con color en otra persona, se le lleva al silencio y se le pregunta desde esa conexión con su Ser divino qué color necesita en ese momento. Si podemos ver su aura, trabajamos con el color en que la vemos envuelta. Si está en gris o negro la envolvemos en luz. Envolver a una persona en luz quiere decir ver en ella su Cristo, lo real únicamente. Reconocer su inocencia. Es importante repetir la afirmación universal antes de comenzar todo trabajo espiritual.

Ejercicio de respiración y color

Está probado que existe una conexión entre el color, el aroma y el sonido y por eso es recomendable en las prácticas espirituales utilizar incienso con el aroma que tu Ser interno te indique y música para meditación, de nuevo siendo fiel a ti mismo todo el tiempo.

Yo le recomiendo a toda persona que desea profundizar en el trabajo de sanación con las manos, estudiar los libros de Barbara Ann Brennan y también el libro de la doctora Louise Hay *Tu puedes sanar tu vida,* en el cual se encuentran las causas espirituales de las enfermedades. Estoy totalmente de acuerdo con la doctora Hay, mi gran maestra, en que toda enfermedad es un efecto, un síntoma de una causa espiritual. Si se elimina la causa el síntoma desaparece.

Meditación utilizando los doce colores de la luz del Cristo

En este ejercicio vas a hacer 12 (doce) respiraciones conectadas integrando en cada una los colores de la luz del Cristo. Entre cada una de las respiraciones conectadas con cada color, haces varias respiraciones en silencio. La mejor manera de utilizarlo es grabándolo con tu propia voz.

Cierra los ojos. Respira profundamente. Haz cinco respiraciones conectadas poniendo toda tu atención en el acto de respirar:

1. Afirma: *Mi Dios, Yo Soy tu Amor, en acción para siempre.*
   Inspira la luz rojo rubí del Amor de Dios que penetra cada célula de tu cuerpo espiritual convirtiéndola en luz radiante. Espira sintiendo pasión por la vida. Respira varias veces en silencio.
2. Afirma: *Mi Dios, Yo Soy tu perdón en acción para siempre.*

Inspira la luz rosada del perdón de Dios y la verdadera riqueza y siente su energía perdonadora y prosperadora trasmutar totalmente todo resentimiento liberándote del pasado para siempre. Espira disfrutando y celebrando tu feliz y prosperado aquí y ahora. Respira varias veces en silencio.

3. Afirma: *Mi Dios, Yo Soy tu verdad en acción para siempre.*

   Inspira la luz verde esmeralda, el color de la verdad y siente cómo ésta deshace los errores en tu mente y sus consecuencias en tu experiencia de vida. Al espirar siente tu fe fortalecida y el orden divino estableciéndose en todos tus asuntos espirituales y terrenales. Respira varias veces en silencio.

4. Afirma: *Mi Dios, Yo Soy tu libertad en acción para siempre.*

   Inspira la luz violeta, el color de la libertad de tu Dios. Al inspirar siente como esta energía de vida te conecta con tu Cristo y te da un profundo sentimiento de vida eterna. Al espirar siente la energía de vida revitalizando cada célula de tu cuerpo, sanándolo y rejuveneciéndolo. Respira varias veces en silencio.

5. Afirma: *Mi Dios, Yo Soy tu prosperidad en acción para siempre.*

   Inspira la luz amarilla topacio, el color de la prosperidad. Al inspirar siente como tu mente se ilumina en la toma de decisiones. Tu sabiduría divina se activa al igual que tu creatividad y productividad. Al espirar siente tu vida prosperada en todas sus áreas. Respira varias veces en silencio.

6. Afirma: *Mi Dios, Yo Soy tu santa Voluntad en acción para siempre.*

   Inspira la luz azul índigo de la Voluntad de tu Dios. Siente como tu mente se abre a nuevas e inspiradoras ideas y tu seguridad en ti mismo aumenta. Al espirar siente como la Voluntad de tu Dios de total felicidad para ti se hace en tu vida. Tus relaciones se arreglan. Tu salud aumenta. Tus finanzas prosperarán y la calidad y la cantidad de tu tiempo aumentará notablemente. Al espirar sientes como la Voluntad de tu Dios te fortalece. Respira en silencio varias veces.

7. Afirma: *Mi Dios, Yo Soy tu fortaleza en acción para siempre.*

   Inspira la luz plateada de la fortaleza divina del diamante que tú eres. Al inspirar siente como despierta el poder de Dios en ti y aumenta tu confianza en tu creador, en ti mismo, en tus hermanos y toda la creación. Al espirar sientes como tu fortaleza te hace paciente y perseverante. Respira en silencio varias veces.

8. Afirma: *Mi Dios, Yo Soy tu propósito divino en acción para siempre.*

   Inspira la luz anaranjada coral del propósito divino. Al inspirar siente como comienzas a comprender que tu propósito divino es autorrealizarte aquí y ahora para demostrar a tu Dios en el mundo, llevando su Amor a todos los lugares del planeta utilizando tus santas manos como instrumento. Al espirar siente el entusiasmo de la fuerza creativa del universo inundar todo tu ser. Estás gozando la vida. Respira en silencio varias veces.

9. Afirma: *Mi Dios, Yo Soy tu comprensión en acción para siempre.*

   Inspira la luz aguamarina de la comprensión de tu Dios. Al inspirar siente como ha llegado a tu vida el fin de los misterios. Ahora lo ves todo con gran claridad. Has integrado la verdad. Al espirar reconoce que lo único que es real y existe es tu Dios, su santo Hijo y su mundo feliz y prosperado. Ahora estás en paz. Eres tolerante porque sólo ves lo verdadero, lo real. Respira varias veces en silencio.

10. Afirma: *Mi Dios, Yo Soy tu orden divino en acción para siempre.*

    Inspira la luz magenta del orden divino y siente como en ella te vas ordenando internamente. De la misma manera el orden divino se manifestará en cada uno de tus asuntos terrenales. Tus pensamientos y emociones se armonizan. Al espirar sientes la profunda paz del orden establecido. Respira varias veces en silencio.

11. Afirma: *Mi Dios, Yo Soy tu poder de imaginación en acción para siempre.*

    Inspira la luz dorada del poder divino de la imaginación y siente como tu creatividad se activa al poder imaginar con claridad tu cielo en la tierra. Al espirar sientes que vas comprendiendo cuál es tu función y misión en el planeta y vas tocando tu talento principal. Respira en silencio varias veces.

12. Afirma: *Mi Dios, Yo Soy tu poder de imaginación en acción para siempre.*

Inspira la luz blanca del poder de manifestación. La pureza original de tu Ser divino, la cual no has podido mirar. No importa cuán desamorosa haya sido tu naturaleza humana, tu naturaleza divina ha permanecido impecable. Al inspirar sientes tu pureza, tu inocencia. Te sientes dichoso y totalmente libre. Siente como la potencia de tu luz aumenta.

Respira varias veces en silencio y envueltos en la luz divina y sus radiantes colores, afirmemos: mi Dios, porque yo siento que tu luz divina se ha apoderado totalmente de mi vida. Juntos te amamos, te adoramos, te alabamos, te escuchamos, te recordamos, te demostramos, te bendecimos, te glorificamos, te damos gracias y decimos… amén.

Éste es un potente ejercicio que energiza los doce centros de energía.

Aquiétate y permite que la suave actividad dinámica de la luz sea asimilada en cada célula de tu cuerpo.

Respira varias veces en silencio. Frota tus manos la una con la otra y cuando estés listo puedes abrir los ojos.

*Meditación de la luz rojo rubí
del Amor de Dios*

Cierra los ojos. Respira profundamente para conectarte con tu Ser superior divino que vive en presencia de Dios, aquiétate poniendo tu atención en tu respiración. Inspira. Espira.

Visualiza una radiante estrella dorada gigantesca, derramando una cascada de la luz rojo rubí del Amor de Dios sobre ti. Esta luz rojo rubí purificadora y revitalizadora penetra en cada una de tus células sanándola para siempre y sigue circulando a través de los doce centros de energía de tu cuerpo hasta concentrarse en el centro del Amor de tu corazón, purificándolo de todo sentimiento negativo, y borrando para siempre todas las experiencias dolorosas de tu pasado. Desde ahí se une la luz rojo rubí que emana de tu corazón con la luz rojo rubí que emana del corazón de Dios uniéndolos en un vínculo de Amor eterno. Siente como en esa unión sagrada puedes reconocer tu inocencia original que nunca has perdido. Estás totalmente rodeado de luz divina. Su color es un intenso rojo rubí y te inspira pasión por la vida.

Afirma:

Yo solamente quiero la paz de Dios.

Yo quiero que mi corazón permanezca para siempre abierto al Amor.

Yo quiero reconocer que Yo Soy hijo perfecto de Dios.

Yo quiero sanarme mental y físicamente para convertirme en instrumento de sanación para mis hermanos.

Respira profundamente. Inspira. Espira.

Ahora trae a tu mente a una persona a quien ames y que tenga una apariencia de enfermedad o de cualquier desarmonía en sus relaciones, finanzas o tiempo. Mírala detalladamente en tu mente y visualiza un rayo de luz rojo rubí radiante que emana de la unión de tu corazón con el de Dios. Ese rayo de luz envuelve a ese ser que tú amas purificándole, revitalizándole y penetrando en cada una de sus células sanándole para siempre. La luz rojo rubí sigue circulando hasta concentrarse en su corazón sanando todo odio para dar paso al más puro Amor.

Ahora mentalmente mira a esa persona a los ojos y dile: «Hermano amado: yo reconozco que tú eres el hijo perfecto de Dios y desde este momento sólo nos unirá el Amor».

Afirma:

Yo solamente quiero para ti la paz de Dios.
Yo quiero que tu corazón permanezca abierto al Amor.
Yo quiero que tú sanes mental y físicamente, para que juntos nos convirtamos en instrumentos de sanación en el mundo.

Respira profundamente. Inspira. Espira.

Ahora trae a tu mente a alguien contra quien guardes resentimiento y a quien quieras perdonar. Rodéale del Amor que nace de tu unión con Dios y con tu hermano.

La luz rojo rubí perdonadora y prosperadora la rodea totalmente y sólo ves en ella su Ser divino radiante y totalmente inocente. Bendícela afirmando:

Hermano amado:

Yo solamente quiero para ti la paz de Dios.
Yo quiero que tu corazón permanezca abierto al
Amor.
Yo quiero que tú sanes mental y físicamente,
para que juntos caminemos cogidos de la
mano hacia Dios convirtiéndonos en la luz
del mundo.

Respira profundamente. Inspira. Espira.

Visualiza tu país y todo nuestro bello planeta rodeados de la luz rojo rubí del Amor de Dios, estableciendo su paz y su armonía en el universo; disolviendo en la luz perdonadora y prosperadora todos los males que aquejan a la humanidad que surge renovada en una nueva raza de seres superiores divinos de luz que comienzan a construir un nuevo mundo feliz, en paz y totalmente prosperado.

Bendícelos afirmando:

Que reine la paz en la tierra que es prosperada por todos aquellos que viven la buena voluntad.

Que los corazones de todas las personas se abran al Amor.

Que todas las personas despierten al reconocimiento de la luz de su naturaleza divina.

Que en el nombre de Dios sea bendecida toda la creación para el florecimiento y prosperidad de todo el planeta y todos los universos.

Juntos te damos gracias, mi Dios, y decimos… amén.

Haz una respiración profunda. Frota tus manos la una con la otra y cuando estés listo puedes abrir los ojos y regresar al grupo.

*Mis manos
sanadoras imparten
el toque del Cristo.
Juntos te damos
gracias y decimos…
amén.*

Capítulo 8

Los doce poderes de la persona

Toda persona ha sido creada a imagen y semejanza de Dios. Dios les ha dado todo su poder a sus hijos, por lo tanto todos y cada uno de los hijos de Dios son todopoderosos como su Dios.

Tú, amado Ser de luz, eres todopoderoso, pero no lo has reconocido hasta ahora. El propósito de los tratamientos de energía del Toque de Amor es precisamente activar en ti los doce poderes que están centralizados en tus doce centros de energía como lo ves ilustrado en el diagrama de la página 119. En la medida en que vas creciendo internamente por medio del sistema de oración que se te ofrece en este libro, utilizando el silencio, los tratamientos de energía con el Toque de Amor, el Mapa de Prosperidad y las afirmaciones conscientes de la verdad, te darás cuenta de cómo estos doce poderes van aumentando en potencia, y de esta manera tu vida se va trasformando en una vida feliz y prosperada.

Recuerda que tú eres un ser espiritual divino de luz, un Cristo vivo y que tu propósito en el mundo es autorrealizarte para demostrar a Dios en el mundo, revelando tu personalidad divina para despertar en tus hermanos el poder de la fe. De esta manera les devolverás la esperanza de una mejor vida, pues tu testimonio de vida los llevará a convencerse de que son seres poderosos capaces de manifestar para sí mismos el cielo en la tierra.

El hijo de Dios no tiene límites. Su fuerza es ilimitada al igual que su Amor, su paz, su dicha, su abundancia y todos los atributos con los que su creador le ha dotado desde que lo creó. Lo que dispone unido a su Dios se hace.

Lo que su santa voluntad dispone jamás le será negado porque la luz de su Madre y Padre divino refulge en su mente, y deposita en ella toda la fuerza y Amor del cielo y la tierra.

Tú eres hijo de Dios, aquél a quien todo se le da y en ti reside el poder de la voluntad y todos los poderes de tu creador.

Por tu poder infinito que nos has regalado, mi Dios. Juntos te amamos, te alabamos, te adoramos, te escuchamos, te recordamos, te demostramos, te bendecimos, te glorificamos, te damos gracias y decimos… amén.

Relación de los doce poderes con los centros generadores de energía

Chakras:

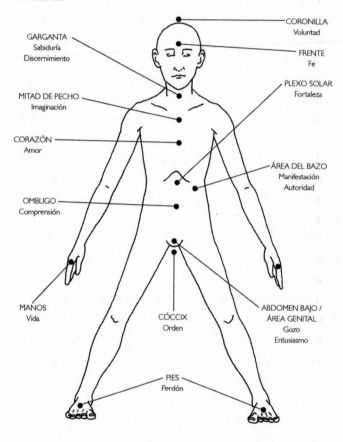

CORONILLA
Voluntad

GARGANTA
Sabiduría
Discernimiento

FRENTE
Fe

PLEXO SOLAR
Fortaleza

MITAD DE PECHO
Imaginación

CORAZÓN
Amor

ÁREA DEL BAZO
Manifestación
Autoridad

OMBLIGO
Comprensión

MANOS
Vida

CÓCCIX
Orden

ABDOMEN BAJO /
ÁREA GENITAL
Gozo
Entusiasmo

PIES
Perdón

Figura 1. *Diagrama organizado por Muñeca Géigel*
El Arte de Ser Feliz, Puerto Rico, 1988
La activación de los doce poderes nos lleva a vivir la Paz de Dios.

Éstos son los doce poderes:

1. El poder de la fe

El poder de la fe es el centro de las energías de la persona y activa todos los demás poderes. La fe es visionaria, y puesta en acción nos garantiza el éxito inmediato en cualquier proceso de sanación y manifestación. La fe mueve las ideas en la mente y las lleva a expresión. Siempre tenemos fe. Si tenemos fe en lo falso manifestamos conflicto, escasez, limitación. Si tenemos fe, en nuestra verdadera identidad de hijos de Dios, Seres superiores divinos, manifestaremos una vida feliz y abundante. La fe está fundamentada en nuestro sistema de creencias o credo vital. Este poder está ubicado en el centro de energía de la frente.

2. El poder de la fortaleza

La fortaleza es física, mental y espiritual. En el plano físico es poder, energía, vitalidad y libertad de las debilidades corporales: enfermedad, cansancio, tensión, ansiedad y depresión. En el plano mental, la habilidad de lograr cosas, ser líder y experto en su área de trabajo. En el plano espiritual es la seguridad de la presencia de Dios en nosotros que nos fortalece y anima a perseverar siempre en actitud de confianza total. Es la fortaleza la que nos sostiene para no caer en la tentación de salirnos del camino del Amor conformándonos con sustitutos, cuando en realidad por derecho de consciencia como hijos de Dios nos pertenece lo mejor de lo mejor. Es la fortaleza la que nos mantiene en el camino cuando el mundo externo parece amenazarnos. La fortaleza no es violencia física ni mental. Es una energía serena que es movida por la fe en la presencia del Amor de Dios en nosotros y nos fortalece mental, física y espiritualmente haciendo posible la manifestación del mayor bienestar en nuestras vidas al liberarnos del miedo. La fortaleza nos libera del miedo y nace de la experiencia profunda del Amor de Dios en nosotros. Este poder está ubicado en el centro de energía del plexo solar.

3. El poder de la sabiduría

Nos da el discernimiento y el buen juicio. Desde nuestra sabiduría no condenamos ni maldecimos; compadecemos y bendecimos. El poder de la sabiduría nos mantiene siempre en el alto pensamiento de Dios en nosotros que nos levanta y nos prospera. Es imposible tener pensamientos erróneos sobre nuestros hermanos sin dañarnos a nosotros mismos, porque no hay nada fuera de nosotros. Mi hermano es siempre mi espejo, y lo que yo afirmo sobre él, lo afirmo sobre mí mismo. Cuando yo tengo fe en Dios en mí, también tengo fe en Dios en mi hermano. Este poder está ubicado en el centro de energía de la garganta.

4. El poder perdonador y prosperador del Amor de Dios

Este poder está localizado en el área del corazón, que es el centro del Amor y de los sentimientos en el cuerpo. Cada vez que una persona viola la ley del Amor expresando y sintiendo odio, miedo y resentimientos, se le afecta el corazón y todos los órganos en el área del pecho. Aceptar el Amor de Dios, purificándonos de nuestros agravios por medio del perdón produce una corriente prosperadora que afecta la vida total de la persona, y disuelve todos los pensamientos negativos dirigidos en nuestra dirección. Por eso el Amor de Dios nos aleja de todo mal, nos protege, nos mantiene siempre en el pensamiento más elevado. El Amor armoniza y crea equilibrio en nuestras vidas, instaurando en nosotros y todas nuestras relaciones la paz de Dios. El Amor de Dios siempre nos guía en la dirección correcta y hace perfecto y ordenado todo aquello que nos concierne. El Amor no es posesivo ni dominador. El Amor es liberador, paciente, compasivo y tolerante. Sin embargo, no es conformista, nos mueve a la acción y a mantenernos siempre en los más altos pensamientos, ideales y propósitos. Este poder está ubicado en el centro de energía del corazón.

5. El poder de manifestación o autoridad de Dios

Tú eres semejante a Dios, que te creó en un acto de su Amor. Por lo tanto, si Dios es todopoderoso también tú lo eres. Nuestros pensamientos y palabras son tremendamente poderosos. Por eso el Arte de Ser Feliz te invita a utilizar siempre la poderosa energía de tu pensamiento creativo y tu palabra para el bien, declarando siempre la verdad, prosperidad, vida, salud y optimismo. El poder vibratorio de la palabra que expresa nuestro pensamiento manifiesta en nuestras vidas aquello que pensamos y hablamos. El poder de manifestación de Dios expresa aquello en lo cual creemos, es decir, es activado por nuestra fe. Si tenemos fe en Dios, nuestra vida será feliz, ordenada y abundante. Si tenemos fe en lo falso tendremos conflicto en nuestras vidas.

Nuestra fe en Dios nos pone en contacto con la Divina Inteligencia o Mente Universal, llevándonos a utilizar nuestros poderes con sabiduría y buen juicio en nuestra vida total. Este poder está ubicado en el centro de energía en el área del bazo.

6. El poder de la imaginación

Nos lleva a crear cuadros mentales claros y específicos de aquello que nuestro ser nos reclama. La imaginación es el poder creativo de la mente. Cuando entendemos su dinámica, aprendemos a utilizar el poder de imaginar para crear imágenes mentales específicas del bienestar que queremos manifestar.

El secreto de una vida plena está en el adiestramiento de nuestra mente, reconociendo nuestros poderes y aprendiendo a utilizarlos. El poder de la imaginación nos lleva a crear mentalmente nuestra vida exactamente como la queremos. Limpiamos nuestros patrones negativos inconscientes de pensamiento y miramos mentalmente el plan divino para nosotros y lo afirmamos con declaraciones de prosperidad habladas y escritas. Cualquier cuadro mental firmemente mantenido sin lugar a dudas se manifiesta. Cuando dominamos la ley universal de manifestación y cooperamos con ella, recuperamos el dominio sobre la materia y sobre toda nuestra experiencia de vida. Dios en nosotros nos da las ideas universales, nosotros las organizamos mentalmente, las afirmamos y las manifestamos. Este poder está ubicado en el centro de energía en el área de la mitad del pecho.

7. El poder de comprensión

Nuestra sabiduría intuitiva o intuición nos lleva a entender y comprender todo a un nivel más allá del pensamiento. Es la voz de Dios en nosotros que tocamos en el silencio y nos ilumina permitiendo que brille el ser radiante que somos. Con la comprensión terminan los misterios porque se nos revela la verdad. Es lo que las filosofías orientales llaman el *Contacto con los registros akáshicos* o la *Visión del Cristo*. Es la luz de nuestro Ser superior que todo lo ve ordenado y perfecto, todo lo comprende en el Amor de Dios y nos lleva a extendernos siempre en el Amor. La comprensión nos lleva directamente al lugar perfecto, a las personas perfectas en todas las circunstancias y eventos en nuestras vidas. En la comprensión sabemos lo que tenemos que hacer siempre, entendemos a los demás y desarrollamos la compasión y la tolerancia. Este poder está ubicado en el centro de energía del área del ombligo.

8. El poder de la voluntad

Este poder está íntimamente ligado a la comprensión. La comprensión mueve la Voluntad. La Voluntad escucha la comprensión y la impulsa a actuar. Una Voluntad que no es guiada por la comprensión lleva a la persona a conflictos y problemas, a la terquedad y a la fijación de ideas, a querer salirse con la suya desamorosamente sin tomar en consideración el bienestar de los demás. La Voluntad debe canalizarse desde la intuición, de esta manera es fortalecida en el Amor de Dios y la persona sabiamente y con gran suavidad manifiesta su plan divino en el ejercicio de la Voluntad. La Voluntad desde la personalidad humana es destructiva; la Voluntad desde Dios es el poder que construye el mundo de Dios y nos impulsa a la acción desde la guía divina. El ejercicio de la Voluntad conlleva propósito, decisión, disciplina y determinación. La Voluntad de Dios y la Voluntad de nuestro Ser superior es exactamente la misma. La Voluntad de nuestra personalidad humana siempre está en conflicto con la Voluntad de Dios. Cuando dominamos el poder de la Voluntad sabemos que no necesitamos controlar a nadie porque la Voluntad de Dios para nosotros se manifiesta naturalmente y sin esfuerzo. La Voluntad de Dios para mí y para ti es la felicidad total en una vida abundante de bienestar. Este poder está ubicado en el centro de energía de la coronilla.

9. El poder del orden

El orden divino se establece por medio de la armonía de nuestros pensamientos y emociones. El orden es siempre interno y se expresa en lo externo. Quien quiere mantener el orden externo sin ordenarse internamente se confunde y se enferma por las tensiones que crea para sí mismo y para los que no mantienen su orden. Éste es un orden neurótico. El desarrollo del orden interno establece una dinámica milagrosa en nuestra mente que nos lleva a un movimiento interno y externo de desenvolvimiento ordenado en nuestro cuerpo, y todos los asuntos que nos conciernen se desarrollan armoniosamente, científicamente y con gran efectividad. Este poder está ubicado en el centro de energía del área del cóccix.

10. El poder del gozo y el entusiasmo

Este poder genera una energía muy especial, el eros, que es la fuerza creativa del universo y que se confunde con la energía sexual. El eros activa positivamente a la persona total: cuerpo, mente, espíritu y emociones. Es este poder el que nos limpia internamente y nos libera para poder darle libre expresión a nuestra creatividad y talentos expresándonos gloriosamente en el mundo. El poder del gozo nos mantiene siempre en el pensamiento más alto, con el propósito más alto y nos lleva a comunicar esa energía a otros, sacándolos de su marasmo, entusiasmándolos por la vida. La persona se enamora de la vida. El poder del gozo y el entusiasmo nos lleva a vivir intensamente y con gran pasión, es como un fuego interno, un celo que nos impulsa a vivir con plenitud.

El poder del gozo y entusiasmo está íntimamente ligado al Amor. Tiene un tremendo poder magnético y nos convierte en imanes para el bienestar. Este poder nos lleva a atesorar el silencio como la herramienta que nos mantiene centrados en Dios para no disipar nuestra energía en actividades innecesarias y en conversaciones que nos minan la energía. El poder del entusiasmo y el gozo nos eleva a vivir en actitud de Amor, alabanza y acción de gracias; las tres actitudes básicas para prosperar y florecer en la vida. Este poder está ubicado en el centro de energía del área genital.

11. El poder del perdón

Éste es el poder que nos lleva a soltar todo aquello que ya cumplió su propósito en nuestras vidas. Este poder elimina de nuestras vidas el sentido de posesión y de control que nos limita y no nos permite manifestar el bienestar que anhelamos. El querer controlar y poseer nos mantiene atados y es la causa de grandes conflictos. El poder del perdón es el que nos desapega de todo lo material y nos lleva a ver a Dios y a toda su creación de forma diferente. También nos lleva al desasimiento o vacío de todo lo que no sea Dios en nosotros. Cuando nos vaciamos de nuestra personalidad humana es cuando hacemos espacio para que llegue a nosotros el bienestar como consecuencia natural de la ley del Amor operando a través de nosotros. Desde el Amor vemos a las personas y a toda la creación con una nueva visión y comenzamos a ver el mundo de Dios manifestarse en nuestras vidas individuales. El poder del perdón nos mueve a soltar el pasado y el futuro para vivir felizmente el aquí y ahora. Nos libera internamente de falsos pensamientos y creencias que nos limitan sobre nosotros mismos, sobre Dios, sobre los demás y sobre la vida en general, y nos devuelve nuestra inocencia original en sustitución del pecado original. El poder del perdón continuamente nos llena de energía porque rompe todo aquello que está bloqueando el Amor en nuestras vidas. Es un gran estimulante para la mente, el cuerpo y el espíritu, nos levanta en consciencia y elimina lo viejo que ya no tiene propósito en nuestra vida para darle paso a lo nuevo que nos prospera. Este poder esta ubicado en los centros de energía de los pies.

12. El poder de la vida eterna

Este poder nos da el sentimiento de inmortalidad y eternidad, nos da vida, nos rejuvenece y aumenta la urgencia de vivir en nosotros, eliminando la urgencia de muerte. El poder de la vida eterna continuamente nos anima a vivir plenamente y con intensidad aquí y ahora. Este poder nos activa, nos anima y nos mantiene despiertos a la vida. Nos lleva a pensar y hablar en términos inmortales, eliminando de nuestras mentes los pensamientos de envejecimiento y muerte. Este poder está ubicado en los centros de energía de las manos.

Los doce centros de energía o chakras

Cada persona es una totalidad de mente, emociones y espíritu materializados en un cuerpo. En realidad, tanto nuestro cuerpo como nuestra mente, emociones y espíritu son la misma energía de Amor canalizada en diferentes funciones. Esta energía se mueve desde doce centros de energía y poder localizados en los centros vitales del cuerpo, y afectan la salud total del individuo dependiendo de cómo sean utilizados. El cuerpo físico es en realidad un campo energético.

Las glándulas son órganos vitales que afectan nuestra salud tanto en lo físico como en la totalidad de nuestro ser. Esto es así porque las glándulas están localizadas en los centros vitales generadores de energía que funcionan continuamente y afectan a las personas destructiva o constructivamente, dependiendo desde luego de si utilizamos la energía desde nuestra personalidad humana o desde nuestro Ser superior divino.

Es importante notar que en numerología, el número doce siempre se ha considerado sagrado, es el número de la totalidad, símbolo del desarrollo pleno del individuo en su naturaleza espiritual divina, es decir, es el número de la plenitud del Ser.

Localización de los doce poderes

Poder	Centro de energía
Voluntad	Coronilla
Comprensión	Ombligo
Imaginación	Mitad de pecho
Fe	Frente
Gozo y entusiasmo	Abdomen bajo, área genital
Autoridad, manifestación	Área del bazo
Amor	Corazón
Sabiduría, discernimiento	Garganta
Fortaleza	Plexo solar
Orden	Cóccix
Vida eterna	Manos
Perdón	Pies

La activación de los doce poderes con los tratamientos de energía nos lleva a vivir la paz de Dios.

Las glándulas y los doce poderes

Glándula	Localización	Afectada por el poder
Pineal	Centro del cerebro	Voluntad y fe
Adrenales	En medio de la espalda	Orden y gozo
Páncreas	Plexo solar	Comprensión y fortaleza
Timo	Área del corazón	Vida eterna, Amor, gozo
Tiroides	Garganta	Sabiduría
Pituitaria	Frente	Fe

En el Evangelio de Acuario según Jesús el Cristo trascrito por Leví de los «registros akáshicos», encontramos dos citas interesantes sobre los poderes de la persona.

Los registros akáshicos son la sustancia primaria, de fuerza exquisita, presente en todas partes. La Mente Universal, el Pensamiento de Dios. El registro akáshico solamente se toca en el silencio, donde el lector del registro está en contacto tan íntimo con la sabiduría de Dios que cada vibración del pensamiento divino es sentida en todas las fibras de su ser.

Capítulo 92, versículo 11-12

11. «Cuando un hombre vuelve al camino recto y comprende que es hijo de Dios y sabe que en sí mismo están todos los poderes de Dios, entonces ese hombre es dueño de su mente, y todos los elementos oyen su voz y obedecen gustosamente su voluntad».

12. «Dos asnos obstinados tienen atada la Voluntad del hombre; sus nombres son el miedo y la incredulidad. Cuando éstos pueden ser cogidos y dejados a un lado, la Voluntad del hombre no conoce límites, no tiene más que hablar y en un momento todo es hecho».

Meditación de manifestación de los doce poderes

Esta meditación está diseñada para ayudarte a unificar tus doce poderes en tu cuerpo espiritual. Esta manifestación se manifestará en tu cuerpo físico y en todas las áreas de tu vida personal.

Mi amada Madre y Padre Dios:

Yo quiero tener fe en lo real y verdadero, en tu mundo, mi Dios. Es sobre la fe que levanto mi consciencia reconociendo que:

Yo Soy uno contigo, mi Dios.
Todo lo que tú eres Yo Soy.
Todo lo que tú tienes mío es.

Yo Soy la piedra, la roca en la cual la fe en el Cristo se construye como la base de mi consciencia, abriéndome a la sabiduría universal para llegar al dominio original de toda la materia, reconociendo mi inocencia y sanándome del pensamiento falso de separación.

En la actividad que genera mi comprensión de la ley del Amor, yo logro el dominio sobre todo el mundo que me rodea, sabiendo que todo lo externo a mí son mis pensamientos manifestados. Este dominio de la materia es un derecho de consciencia que logro en la práctica de tu presencia, mi Dios, en la respiración y el silencio, inspirándome en el hálito de vida y creando para mí y toda la humanidad el nuevo mundo que nace de tu Pensamiento, mi Dios, un mundo pacífico, ordenado, perfecto, que se nutre únicamente de tu Amor.

La actividad de mi fe llena mi mente consciente de la rica Sustancia del Universo, porque mis pensamientos están llenos de tu presencia, Dios mío.

Yo siento la emoción de tu Amor vibrando en mí. Mis palabras están llenas de tu poder, mi Dios. Mis acciones son dirigidas e impulsadas por tu energía amorosa, de manera que para mí no hay imposibles.

La actividad de la fe en el Cristo que Yo Soy es fuerte, amorosa, sabia y llena mi corazón del pensamiento de abundancia en el reconocimiento de que todas mis necesidades están llenas aquí y ahora, que a mí, tu santo hijo, nada me falta.

Mi fe en lo real y verdadero me asiste en la activación de mis doce poderes, llenando mi consciencia de tu fortaleza, sabiduría y Amor, mi Dios. En la activación de mis doce poderes se instaura en mí tu paz, mi Dios, y desde mí en todas mis relaciones haciéndolas santas.

Yo pongo mi fe en la fortaleza del Cristo que Yo Soy y la llevo a la acción eficaz.

Yo pongo mi fe en la sabiduría que Yo Soy y la irradio a todos los lugares a los cuales soy impulsado por la Energía de Dios en mí.

A través de la actividad de la fe en mí, yo elijo el camino hacia la plenitud de mi Cristo aquí y ahora.

Gracias mi Dios Padre-Madre por mi fe que es la tuya y me lleva a vivir el Amor incondicional y la total felicidad.

Esto es así, aquí y ahora… Amén.

YO SOY

SANTO E INOCENTE

SIEMPRE PORQUE YO SOY

EL HIJO PERFECTO DE DIOS.

JUNTOS TE DAMOS GRACIAS,

MI DIOS, Y DECIMOS...

AMÉN.

Capítulo 9

El poder de las palabras

El practicante del Arte de Ser Feliz se ha comprometido con el Amor, por lo tanto debe de tener claro lo siguiente:

> Las palabras son símbolos de los símbolos, del miedo o del Amor. La palabra hablada son sonidos ocasionados por la vibración de los símbolos de nuestros pensamientos.
>
> Los pensamientos son vibraciones del Ser superior o de la personalidad humana y su expresión en palabras es lo mismo. Seamos cuidadosos con lo que hablamos y evitemos las conversaciones negativas que nos demuestran lo que estamos creyendo y pensando.
>
> Es importante que nos comprometamos a hablar siempre desde el pensamiento más alto, y si no lo podemos hacer, hagamos silencio.
>
> Si saturamos nuestras palabras con alegría, sinceridad, convicción y confianza, estaremos lanzando potentes explosiones de luz para

deshacer los bloqueos y murallas viejas que no
nos permiten hacer cambios positivos en
nuestras vidas.

Hay muchos temas preciosos sobre los cuales
podemos hablar, en lugar de invertir nuestras
energías en conversaciones vacías y
destructivas. Dios dice: «Ayúdate que Yo te
estoy ayudando siempre».

Si nos comprometemos a cambiar hacia una vida feliz y
nos aplicamos en cambiar nuestros pensamientos utilizando afirmaciones positivas y cambiando nuestras actitudes, comenzaremos inmediatamente a experimentar la
alegría de vivir felizmente. Esto es fundamental para el
practicante del Arte de Ser Feliz.

Mientras estemos haciendo nuestro trabajo de vida interna es importante no estar pendientes de los resultados
externos. Dejemos que la Energía del Amor trabaje sin
interrupción, siempre invirtiendo nuestra energía en
nuestro trabajo interno. Los frutos externos los vamos a
ver sin lugar a dudas. Lo importante es cómo nos sentimos internamente, si tenemos paz interior y nos sentimos
dichosos.

Es preciso tener paciencia y perseverancia en el proceso de manifestación en lo externo, porque ésta es la última
etapa del proceso.

No sólo de pan vive el hombre, sino de toda palabra
que viene de la boca de Dios. Palabra significa energía de
vida.

El centro de Energía Universal de Amor y de vida o la boca de Dios, nos dicen los antiguos libros sagrados de la India, es la médula oblonga en la parte posterior del cerebro, donde comienza la espina dorsal. Ésta es la parte más vital del cuerpo humano, y la entrada de la Energía Divina de vida que nos sostiene vivos en nuestro cuerpo físico. Om y amén son el reconocimiento y la afirmación de la energía de vida en nosotros.

Es la Energía Universal de Amor y vida la que sana. Los métodos externos lo que hacen es estimularla y cooperar con ella. La medicina de por sí no cura a nadie, pero es una gran ayuda en el proceso de curar el cuerpo. Lo único que sana en realidad es la Energía del Amor de Dios.

El poner nuestra mano derecha (la izquierda para los zurdos) sobre la médula oblonga para energizarla varias veces al día, estimula y activa la energía de vida.

El estimular con las posiciones del Toque de Amor los centros de energía de nuestro cuerpo aumenta los poderes divinos: voluntad, fe, imaginación, perdón, fortaleza, gozo, entusiasmo, sabiduría, discernimiento, manifestación, autoridad, comprensión, Amor, vida eterna y orden. Esto estimula la energía de vida en nosotros y nos conecta con nuestro Ser superior o mente superconsciente, trasformando nuestro pensamiento falso en el pensamiento de Dios. En un momento, cuando menos lo esperemos, la energía de vida rompe los bloqueos a la energía de Amor en alguna área afectada de nuestro cuerpo y éste se sana.

Es importante reconocer que Dios Padre-Madre es el origen de todo, nuestra fuente de vida y todo bienestar, la mente universal, el más grande poder que nos creó a su imagen y semejanza. Y lo único que tenemos que hacer para sanarnos es reconocer su grandeza y majestad, sin minimizar el poder de nuestra mente semejante a la suya. Es decir, que en el proceso de sanarnos estamos utilizando nuestro poder unido al poder de Dios, el de maestros, hermanos y toda la creación.

Las palabras universales

Las palabras universales son símbolos de la Energía Universal. Éstas son: *Amor, paz, dicha, y abundancia.*

Estas palabras simbolizan las más potentes cualidades divinas. La más potente es Amor. De ella surgen la paz, dicha y abundancia de Dios. Las palabras universales tienen vida y se te irán revelando en tu fidelidad a la práctica del Toque de Amor.

El Toque de Amor te convierte en la persona que realmente eres, un potente Ser superior divino de luz, bendita semejanza. El Toque de Amor te conecta con los planos superiores en los cuales no existe el tiempo, las distancias, la enfermedad, la limitación, la escasez ni la muerte.

El Toque de Amor te enseña a utilizar estas potentes palabras para activar los centros generadores de energía de vida en tus manos. El lenguaje del Toque de Amor consiste de las cuatro palabras sagradas y el silencio mental que nos conecta en el Amor perdonador y prosperador de Dios con nuestro Padre-Madre divino, con nuestros hermanos y toda la creación.

Las palabras universales vienen del corazón sagrado de Dios y nos capacitan para manejar la Energía Universal dirigidos todo el tiempo por el mismo Dios. Nos conectan con la Fuente de energía, de todo bienestar y todas las posibilidades. Al escribirlas sobre tus manos, activas los centros de vida en ellas y amplías tu capacidad para emitir la Energía Universal del Amor a través de ellas, convirtiéndolas en poderosos instrumentos de sanación que llevas contigo adonde quiera que tú vas. Tus manos se convierten en generadores de vibraciones de la luz del Amor.

Pensar en las palabras universales aumenta en ti las cualidades divinas de Amor, paz, dicha y abundancia. Al pronunciarlas aumentas su poder. El escribirlas aumenta aún más su poder. En el Toque de Amor primero las piensas, luego las escribes y por último las pronuncias. De aquí surge la efectividad sanadora de esta potentísima herramienta que te ofrece el Arte de Ser Feliz.

Además cuando pensamos, pronunciamos y escribimos las palabras universales en el Toque de Amor, utilizamos la afirmación «Yo Soy» lo cual aumenta aún más su poder:

Yo Soy Amor.
Yo Soy paz.
Yo Soy dicha.
Yo Soy abundancia.

Cuando tú recibes las palabras universales en el Toque de Amor, asumes un compromiso con la Energía Universal.

Te consagras a ella y te comprometes a trabajar manejándola para trasformar en el Amor tu vida personal, la de tu familia, amistades y compañeros de viaje por la vida, tu país, todo el planeta y todos los universos. Tus horizontes se amplían al recibir las palabras y te pones más receptivo al Amor.

El Toque de Amor te regresa a tu Fuente de Origen, tu Creador y te devuelve la inocencia que creías haber perdido y con ella todos los bienes espirituales y materiales que te pertenecen por derecho divino.

Amor

La primera palabra universal es Amor. Se utiliza para activar y aumentar el poder de las otras tres. Amor es la palabra más poderosa del universo, de ella surgen las otras tres. Del Amor surge todo lo que es y existe. Es el poder creativo, trasformador, perdonador y prosperador del universo. Al pensar, hablar y escribir la palabra Amor, energizas en el Amor tu cuerpo espiritual, mental, emocional y físico.

Utiliza esta palabra poderosa para cancelar continuamente todo lo negativo que manifiestas en tu vida. Para cancelar piensas la palabra, la dices en voz baja y la escribes sobre tu corazón con tu mano en la posición del Toque de Amor. La dices una vez cuando la escribes y luego la repites tres veces. Amor, Amor, Amor. Cuando te venga un mal pensamiento cancélalo de la misma manera ante cualquier comentario, evento o circunstancia no amorosa. Cancela el desamor con la palabra Amor. Bendícelo todo escribiéndole encima la palabra Amor.

Amor denota eternidad y crecimiento espiritual. Esta palabra ha sido utilizada por culturas antiquísimas. Se utiliza también de la misma manera para envolver en Amor todo lo que tú quieras, tanto de cerca como a distancia. La palabra Amor no tiene ni principio ni fin y está en movimiento continuo.

Afirma continuamente tu verdadera identidad repitiendo la siguiente afirmación:

Yo Soy el Cristo, el Amor.

Amor es el símbolo universal del Yo Soy, del Cristo, que a su paso genera y activa la luz de la energía del Amor. Es multidimensional y no conoce de tiempo, distancias ni límites. Es el Amor la Energía que rompe los bloqueos que causan los conflictos. Todo problema denota un bloqueo al Amor. Es importante mantener la energía del Amor en movimiento continuo en tu vida para que evites los estancamientos. Este movimiento continuo de la Energía del Amor en tu vida te prospera y te conduce hacia el éxito porque abre tu mente a las bendiciones y milagros que Dios tiene para ti instante a instante. El Amor armoniza tu vida y establece en ella el orden divino.

Paz

La segunda palabra universal es paz. Esta palabra trabaja con los planos emocionales y mentales armonizando y sanando tu mente para el relajamiento de tu cuerpo e instauración de la paz en tu experiencia de vida. El uso de esta palabra te mantiene sereno en medio de tus lecciones. Te da la fortaleza necesaria para mirar en paz cualquier memoria del pasado que necesites recordar para poder perdonarte y perdonar. El uso de la palabra paz te permite aprender, crecer y cambiar con gran tranquilidad. También establece balance y armonía en tus relaciones, tu salud, tus finanzas y tu tiempo.

Dicha

El uso de la tercera palabra universal, dicha, te lleva a convencerte de que no tienes derecho a estar triste. Cuando vives dichoso es porque has tocado el Amor de Dios y has reconocido quién eres, por lo tanto vives en paz porque sabes que tu Padre-Madre está a cargo de tu vida, no te abandona nunca y siempre tiene disponible para ti lo mejor de la vida. Esto te hace sentir dichoso.

Abundancia

La palabra universal abundancia se utiliza para llevarte a convencerte de que lo tienes todo, pues tu Dios te lo dio en el momento en que te creó a su imagen y semejanza. También activa en ti la certeza de que te mereces lo mejor de la vida, abundancia de bienestar tanto espiritual como material. Al sentirte merecedor de los regalos de Dios tu mente se abre para recibirlos.

Afirma todos los días en la divina presencia: mi Dios. Mi Padre-Madre. Yo vivo tu Amor, tu paz, tu dicha, tu abundancia, tu orden y tu armonía. Florezco y prospero. Y porque esto es así aquí y ahora. Juntos te amamos, te adoramos, te alabamos, te escuchamos, te recordamos, te demostramos, te bendecimos, te glorificamos, te damos gracias y decimos... amén.

Capítulo 10

El uso de las manos

Como instrumento de sanación

Tus manos son potentes instrumentos para reactivar en ti y en otros la Energía Universal.

Tus manos son sanadoras. A través de la historia se ha reconocido la capacidad natural de las manos para sanar. En tus manos están los centros de energía de vida. Por instinto natural, la persona que se lastima, o ve a otra persona sufriendo emocional o físicamente, tiende a acariciarle con sus manos, lo cual genera un poderoso movimiento de energía en el cuerpo espiritual, mental emocional y físico, que experimentamos como consuelo o en un sentimiento profundo de paz que milagrosamente alivia el dolor.

Si nos duele la cabeza o el estómago, o nos golpeamos, intuitivamente nuestras manos se mueven al lugar afectado para utilizar la habilidad natural de nuestras manos para sanar.

Todos, desde un niño hasta un anciano, podemos utilizar las manos para activar y mover la Energía Universal en nuestro cuerpo. Esto no requiere un adiestramiento complicado, el equipo (nuestras manos) lo llevamos siempre con nosotros y no se necesita ningún grado académico para aprender y utilizar el conocimiento de esta antiquísima ciencia, como poderosísima herramienta de automejoramiento y relajación.

El Toque de Amor como sistema de sanación con las manos

El Toque de Amor tiene su base en un sistema tibetano de sanación con las manos. Éste fue redescubierto en Japón a mediados del siglo XIX por un sacerdote cristiano llamado Micao Usui. Este sacerdote dirigía espiritualmente a un grupo de jóvenes seminaristas en Kyoto que le presentaron su inquietud de por qué siendo cristianos no se les enseñaba a sanar con las herramientas que utilizaba el maestro Jesús. Esto impactó de tal manera a Usui que abandonó el seminario para dedicarse a investigar cuáles fueron esas preciosas herramientas que utilizaba el Maestro. Tras años de intensa búsqueda en los libros sagrados y escritos de las antiguas religiones; se retiró a una montaña a orar. Allí le fue revelado un sistema completo de sanación utilizando las manos como instrumento que él llamó *Reiki,* que en japonés quiere decir «Energía Universal».

Usui trabajó este sistema en Japón con muchos tropiezos al principio, a pesar de las extraordinarias sanaciones que se manifestaban. Con el tiempo lo fue introduciendo con gran éxito primero en Japón, Filipinas y Hawái. Luego una de sus discípulas, Takata, lo introdujo en Estados Unidos. En este país surgieron dos vertientes de Reiki, una más científica y otra más intuitiva.

Paul Mitchell, de la vertiente intuitiva, introduce Reiki en Puerto Rico. Él adiestra a Miriam Pesante, con quien me adiestré y me certifiqué como maestra de este extraordinario sistema. El Reiki le entrega a sus participantes una serie de símbolos que se utilizan para activar y manejar la Energía Universal.

El día en que yo me certifiqué como maestra de Reiki, mi mentora Miriam Pesante me dijo unas palabras que nunca olvidé: «Si eres fiel al Reiki estos símbolos te revelarán muchas cosas». Y así fue.

Yo adiestré y certifiqué como maestra de Reiki a mi asistente, Toñita Santiago, quien era una enamorada de este sistema. Cinco años después de mi iniciación como maestra y habiendo descubierto sus poderes curativos, comencé a sentir la necesidad de entregar a las personas de una manera sencilla y práctica esta poderosa herramienta de sanación para ponerla al alcance de todo el mundo. Mientras Toñita y yo viajábamos semanalmente entre San Juan y Mayagüez durante meses en gestiones de trabajo, se nos fue revelando la manera de cómo devolver a las personas su gran poder de sanar con las manos. Esto lo llamamos *el Toque de Amor.*

El Toque de Amor es una experiencia única que lleva al participante a utilizar su propia energía de Amor para integrar, equilibrar y armonizar su persona total: cuerpo, mente, espíritu y emociones. Es parte del sistema completo de automejoramiento del Arte de Ser Feliz que mejora notablemente la salud mental, emocional y física de quien lo practica con regularidad.

El Toque de Amor no entra en conflicto con ninguna creencia religiosa y puede ser muy fácilmente combinado con otras técnicas de autoayuda. Es sencillo, agradable, práctico y seguro. Es para utilizarlo durante toda la vida, ya que lleva al individuo a evocar sus más hermosas cualidades divinas naturales internas.

El Toque de Amor se utiliza tanto como herramienta de autoayuda como también para ayudar a los demás energizándoles en el Amor a distancia o directamente.

Bendición de las manos

Mi Dios:

Yo te doy gracias por la vida que me regalas, por tu Amor que es mi sustento y por este instante en que yo, tu santo hijo, reconozco que:

Yo Soy una manifestación magnífica y divina de la vida que fluye a través de mi cuerpo, utilizándolo como comunicador y receptor de tu Amor.

Aquí y ahora yo me comprometo a que mis manos sean siempre utilizadas como instrumentos de sana-

ción, a través de los cuales tu vida irradie luz para aliviar el dolor en estos momentos de transición en la construcción de tu mundo nuevo, mi Dios. Que mis manos siempre comuniquen tu Amor, mi Dios, que el Toque del Cristo que Yo Soy traiga tu luz y tu paz al planeta.

Que tu luz y tu Amor lleguen a través de mis manos a todos los hogares que viven en oscuridad porque no se ha reconocido tu divina presencia, ni la herencia divina disponible para cada uno de tus hijos sin excepción.

Mi Dios, en este instante santo, yo, tu santo hijo, te entrego mis manos para que sean utilizadas como instrumentos de sanación para la paz del mundo.

Mi Dios, yo te doy gracias por mis manos sanadoras y por la continua provisión de bienestar espiritual y material que se mueve a través de ellas para la perfecta creación de tu mundo feliz y abundante para tus hijos bienamados y bienaventurados.

Y aquí y ahora yo abro mi mente, mi corazón y mis manos para recibir esta dación continua que tú me entregas para mi bienestar y disfrute en unión eterna contigo y cada uno de mis hermanos en el Cristo que somos unidos a ti en tu Amor eterno.

Aquí y ahora yo acepto el abundante bienestar espiritual y material que tú tienes disponible para mí y cada uno de mis hermanos sin excepción y lo bendigo en tu santo nombre y en el nombre del Cristo.

Y porque esto es así aquí y ahora, mi Dios, juntos te amamos, te adoramos, te alabamos, te escuchamos, *te recordamos, te demostramos, te bendecimos, te glorificamos, te damos gracias y decimos... amén.*

Oración para recibir las palabras universales a través de tus manos

Esta oración está diseñada para que recibas a través de tus manos la potente energía de Amor de las palabras universales y le permitas que esta luz divina se apodere totalmente de tu vida.

Mi Dios:

En tu santo nombre y en el nombre del Cristo, yo, ————————————, abro mi mente y mi corazón para recibir tus palabras universales que consagran mis manos y todo mi cuerpo a tu servicio para siempre. A través de ellas fluye la Energía de tu Amor perdonador y prosperador. Yo me comprometo de ahora en adelante a servirte como instrumento de esta poderosa energía que todo lo trasforma y lo hace perfecto.

Yo permito que tu energía de Amor fluya a través de mis manos y obre limpiando las mentes de todos los errores y disolviendo sus efectos en el mundo físico. Yo me hago a un lado y te permito obrar sin que mi naturaleza humana interfiera para nada en el proceso de sanar a las personas y al mundo.

Yo te entrego este santo instante de mi vida. Hazte tú cargo. Yo te sigo seguro de que tu dirección me brin-

da tu paz y tu dicha, que es lo único que yo anhelo, mi
Dios.

Y aquí y ahora me dispongo a recibir el regalo de
tus palabras universales.

Ahora pon tus manos en la posición del Toque de Amor, que es con los cinco dedos bien juntos para que no se diluya la Energía del Amor.

En el orden que sigue escribe las palabras universales con tu mano derecha en tu mano izquierda (los zurdos lo hacen al revés).

Respira profundamente para conectarte con tu Ser superior y la presencia de Dios. Invoca la presencia de tus asistentes espirituales, ángeles y arcángeles.

Siente como el lugar donde te encuentras se ilumina con la luz radiante de estos santos seres.

Escribes la palabra universal diciéndola y luego la repites tres veces. Afirma mientras escribes en tus manos las palabras universales:

En la presencia de mi Dios y de mis asistentes espirituales yo reconozco que:

Yo Soy paz. Paz… Paz… Paz.
Yo Soy dicha. Dicha… Dicha… Dicha.
Yo Soy abundancia. Abundancia…
    Abundancia… Abundancia.
Porque yo Soy tu Cristo, tu Amor. Amor…
    Amor… Amor.

Ahora junta tus manos, cierra los ojos y haz silencio. Siente el fluir de la Energía del Amor a través de ellas.

Ahora escríbete en la frente la palabra Amor con los dedos en posición del Toque de Amor. Del Amor surgen las otras tres palabras. Afirma quién eres diciendo mientras trazas el Amor en tu frente:

Yo Soy el Cristo, el Amor. Amor… Amor… Amor.

Y en acción de gracias dices:

Por el regalo de tus palabras universales. El más grande regalo que he recibido, mi Dios. Juntos te amamos, te adoramos, te alabamos, te escuchamos, te recordamos, te demostramos, te damos gracias y decimos… amén.

Consagración de tus manos al Amor

Respira profundamente. Conéctate con tu Ser superior divino que vive en presencia de Dios.

Escribe con tu mano derecha sobre tu mano izquierda los símbolos universales con los cuales fueron activadas hoy en el Amor (los zurdos lo hacen al revés). Repítelos en voz baja tres veces:

Yo Soy paz. Paz… Paz… Paz…

Yo Soy dicha. Dicha… Dicha… Dicha…

Yo Soy abundancia. Abundancia…

Abundancia… Abundancia…

Porque Yo Soy el Cristo

El Amor. Amor… Amor… Amor…

Mi Dios Padre-Madre:

En tu santa presencia hoy _____ de
_____ de _____, a las
_____ en _____, yo
_____, te consagro mis manos.

Yo amorosamente me comprometo aquí y ahora a uti-
lizar estas manos milagrosas únicamente para comu-
nicar tu Amor incondicional y recibirlo.

Que mis manos sean siempre perdonadoras y prospera-
doras llevando el consuelo de tu Amor incondicional a
todos los rincones del universo donde no reine tu Amor,
tu paz, tu dicha, tu abundancia, tu armonía y tu or-
den.

Que la luz de tu Energía Universal amorosa que ema-
na de mis manos y que todo lo arregla y todo lo tras-
forma, ordene mi vida, la de cada uno de los miem-
bros de mi familia, mis seres amados, mis compañeros
de viaje, (país natal), toda la humanidad y todas las
generaciones de todos los tiempos.

Que mis manos donde haya desamor instauren tu
Amor.

Donde haya guerra instauren tu paz.

Donde haya tristeza instauren tu dicha.

Donde haya escasez y limitación instauren tu ilimitada abundancia.

Que a través de mis manos milagrosas se cumpla tu Voluntad para cada uno de tus hijos sin excepción de felicidad total y abundancia de bienestar espiritual y material para siempre.

Desde este instante santo, mi Dios, y utilizando mis manos como canales de tu Energía Universal haz de mí:

Tu instrumento de tu Amor.
Tu instrumento de tu paz.
Tu instrumento de tu dicha.
Tu instrumento de tu ilimitada abundancia.

Tú me has llamado a formar parte de tu red de Amor formada por la nueva raza de seres superiores divinos que se está desarrollando en el mundo, y yo amorosamente me comprometo a dar un servicio verdadero. Que toda persona que se acerque a mí vea en mí el rostro de tu Cristo, tu hijo perfecto. Y a la vez que en toda persona que se acerque a mí vea yo el rostro de tu Cristo, tu hijo perfecto, y lo perdone y lo ame porque cada uno de tus hijos es digno y merecedor de mi Amor incondicional.

Mi Dios, por la vida que me ha dado tanto y que tiene para mí riqueza inconmensurable. Juntos te amamos, te adoramos, te alabamos, te escuchamos, te recordamos, te demostramos, te bendecimos, te glorificamos, te damos gracias y decimos… amén.

*Mis manos
imparten tu Amor
y tu paz a todo
lo que tocan.
Juntos te damos
gracias y decimos…
amén.*

Capítulo 11

Tratamiento de Energía de Amor

La aromaterapia

La aromaterapia es un arte antiquísimo que utiliza el sentido del olfato para la sanación de la mente y del cuerpo. A través de los tiempos se han utilizado diferentes partes de las plantas con motivos religiosos, terapéuticos y cosméticos. La asociación entre la sanación y el aroma de algunas plantas fue el fundamento del arte de sanar por medio del aroma o la aromaterapia.

En la antigüedad algunas plantas se consideraban sagradas y sus aromas se utilizaban en los ritos religiosos. Hay datos sobre el uso del incienso en Egipto en el año 1500 a. C., donde era conocido como el alimento de los dioses.

Hoy en día la forma más común de la aromaterapia es por medio del aroma de aceites esenciales. El olfato tiene una conexión directa con el cerebro, y es allí donde ocurre la acción terapéutica de la fragancia.

Yo recomiendo utilizar aceites esenciales de lavanda o sándalo por su tremendo efecto relajante y armonizador. Debes asegurarte que el aceite sea de la mejor calidad.

Cómo ungirte con los aceites esenciales

Después de activar los centros de vida en tus manos:

1. Tomas un poco de aceite en los dedos índices y te lo frotas en ambos lados de la sien haciendo diez círculos en dirección contraria a las manecillas del reloj.
2. Tomas de nuevo aceite en tus dedos índices y lo frotas debajo de la nariz.
3. Pon una gota de aceite en el centro de tu mano derecha. Frota ambas manos la una con la otra. Inspira la fragancia tres veces.
4. Procede a darte tu tratamiento de Energía de Amor.

La práctica del Toque de Amor

Yo espero que con toda la información que has recibido hasta aquí, tu mente y tu corazón estén abiertos para la práctica continua del Toque de Amor en tu vida total. El Toque de Amor es una herramienta tan potente que cuando comiences a ver los resultados milagrosos de su uso disciplinadamente, todos los días, te entusiasmarás y no fallarás en darte tu tratamiento de Energía de Amor. Yo te sugiero que lo hagas muy temprano en la mañana. Tan pronto te despiertes activas los centros de vida de tus manos, para que éstas impartan Amor durante todo el día y procedas a darte tu tratamiento de energía antes de iniciar tus actividades. Es una manera precisa de comenzar tu día, conectándote con la Energía Universal para que te asegures de que serás dirigido por ella durante todo el día. De esta manera todos tus asuntos terrenales se desenvolverán en orden divino.

En este capítulo te doy detalladamente las instrucciones para darte tu tratamiento de energía. Verás qué fácil es. Te aseguro que cuando llegues a las posiciones del torso te sentirás diferente. Si tomas café o té al levantarte, puedes tomarlo antes de darte el tratamiento de energía si te vas a sentir más cómodo de esta manera.

Los diagramas de las posiciones se encuentran después de cada explicación.

Posición de las manos para el tratamiento de Energía de Amor

Mantener las manos en la posición correcta durante el tratamiento de Energía de Amor es de vital importancia.

Los dedos deben permanecer unidos todo el tiempo para que la energía no se disperse. Al comienzo el practicante deberá ser muy cuidadoso porque existe la tendencia a separar los dedos. Este principio se aplica tanto para autotratarse como para enviar energía de Amor a distancia. Es importante lavarse las manos antes del tratamiento como símbolo de purificación.

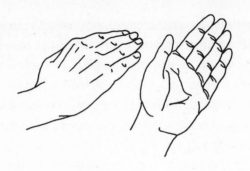

Posición de las manos para el tratamiento de Energía de Amor

Cómo darte un tratamiento de Energía de Amor

¿Cómo abrir los centros de vida de tus manos?

Escribe las cuatro palabras universales con la mano que uses habitualmente sobre el centro de la palma de la otra mano, que es el centro de energía de vida.

Recuerda mantener tus dedos en la posición del Toque de Amor, a la vez vas diciendo en voz muy baja la afirmación en el siguiente orden:

Yo Soy paz. Paz… Paz… Paz…
Yo Soy dicha. Dicha… Dicha… Dicha…
Yo Soy abundancia. Abundancia…
    Abundancia… Abundancia…

Porque:

Yo Soy el Cristo.
El Amor. Amor… Amor… Amor…

Luego comienzas a darte el tratamiento de acuerdo a los diagramas manteniendo cada posición durante cinco minutos.

Antes de la tercera posición escribe sobre tu frente las palabras paz y Amor afirmando lo siguiente:

Yo Soy paz. Paz… Paz… Paz…

Porque:

Yo Soy el Cristo.
El Amor. Amor… Amor… Amor…

Cuando termines las doce posiciones vuelves a escribir las palabras paz y Amor sobre tu frente y tu corazón afirmando:

Yo Soy paz. Paz… Paz… Paz…

Porque:

Yo Soy el Cristo.
El Amor. Amor… Amor… Amor…

Mientras te das el tratamiento de Energía de Amor yo te sugiero que hagas los ejercicios de silencio. También puedes grabar con tu propia voz las afirmaciones de tu divinidad y escucharlas. Estas dos herramientas unidas al tratamiento de Energía lo convierten en una potentísima práctica espiritual. Ésta es la mejor terapia para todos los males. Por mal que te sientas es muy fácil imponerte tus propias manos. Te asombrarás de los resultados.

Posiciones de la cabeza

Primera posición:
Las manos sobre los ojos, de los pómulos hacia arriba, dedos juntos, las manos sobre el tercer ojo, el centro de energía de la frente, en el cual se encuentra el poder de la fe.

Esta posición se utiliza para energizar la visión del Ser superior, lo cual tiene el efecto de cambiar las actitudes y como resultado se obtiene una visión diferente de la vida y un mejoramiento de la visión de los ojos físicos. Los ojos expresan la luz y la visión interna.

El tercer ojo se abre al energizar el centro de energía del poder de la fe. Éste es el centro de la intuición y la inspiración, que nos facilita el soltar los viejos patrones de pensamiento. Energiza la glándula pituitaria y la equilibra. Energiza las mandíbulas, el área de los dientes, encías, nariz y mucosas. Inspira la fe en Dios... Espira tus dudas.

Afirma:

Yo veo perfectamente interna y externamente.
Yo Soy el Amor de Dios en acción para siempre.
Yo Soy la presencia de Dios en acción para
    siempre.
Yo Soy la alegría de Dios en acción para siempre.

Segunda posición:

Los dedos juntos, las manos sobre los lados de la cabeza, sobre las orejas. Los dedos se encuentran sobre el centro de energía de la coronilla, en el cual se encuentra el poder de la voluntad. Esta posición nos conecta con la Conciencia Universal moviéndonos hacia la unión con Dios en el Amor. Energiza la glándula pineal. La posición de las manos sobre el lado izquierdo y derecho de la cabeza establece el equilibrio de las emociones; del lado izquierdo y derecho del cerebro; de los lados del cuerpo; de la intuición y el intelecto; de la energía femenina y masculina; de lo activo y lo pasivo y otras cualidades. Estar en equilibrio nos da claridad mental y nos libera de preocupaciones, ansiedades y depresión.

Afirma:

Yo vivo en armonía y equilibrio con el universo.
Yo Soy la energía de Dios en acción para
   siempre.
Yo Soy la inocencia de Dios en acción para
   siempre.
Yo Soy la creatividad de Dios en acción para
   siempre.

Tercera posición:

La mano izquierda en la parte de atrás de la cabeza, sobre la nuca, los dedos unidos. La mano derecha en la frente (los zurdos invierten las manos).

Esta posición es muy agradable y relajante. Energiza los centros de energía de la fe y la voluntad, expande la visión del Ser superior y nos abre a la energía del Amor universal y a la sabiduría de Dios.

Energiza y relaja el cerebro y el cerebelo, la médula oblonga, la parte más vital del cuerpo, la entrada de la energía divina en la espina dorsal.

Promueve la paz, la serenidad y el equilibrio en nuestras vidas.

Inspira la paz, la serenidad y el equilibrio en tu vida.

Inspira la paz de Dios, llénate de Dios y en la espiración abandónate en sus brazos amorosos. Pon tu futuro en sus manos y descansa en su paz.

Afirma:

La voluntad de Dios para mí es la felicidad total.
Yo Soy la abundancia de Dios en acción para
siempre.
Yo Soy la productividad de Dios en acción para
siempre.
Yo Soy la fortaleza de Dios en acción para
siempre.

Cuarta posición:
Las manos cubriendo la garganta totalmente. Las palmas en el centro, los dedos hacia afuera.

Energiza el centro de energía de la sabiduría y el discernimiento. Activa el movimiento de energía en todo el cuerpo.

La garganta es el centro de la comunicación, de la respiración, la apertura a la vida, un centro de energía creativo de cambio, que se energiza con esta posición aumentando la creatividad, la productividad y la comunicación efectiva. Nos ayuda a liberarnos del miedo al cambio.

Energiza la glándula tiroides y las paratiroides, regulando el metabolismo y equilibrando la presión arterial. Activa el drenaje linfático.

Esta posición nos revitaliza en nuestras relaciones y nos ayuda a comunicarnos mejor y a soltar lo que ya no tiene propósito en nuestras vidas. Nos facilita el proceso de cambio.

Inspira tus valores esenciales. Reconoce que tú eres el hijo perfecto de Dios y te mereces lo mejor de la vida.

Afirma:

Yo Soy una persona valiosa, creativa y sabia y mi comunicación es siempre amorosa.
Yo Soy la luz de Dios en acción para siempre.
Yo Soy la libertad de Dios en acción para siempre.
Yo Soy la paz de Dios en acción para siempre.

La cabeza

Posiciones de autoayuda:

Las manos sobre los ojos en el centro de energía de la fe en la frente.

Energiza la visión externa e interna.

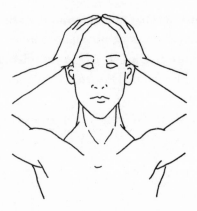

Los dedos se encuentran en el centro de la voluntad en la coronilla.

Esta posición crea equilibrio.

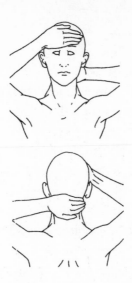

La mano derecha en la frente, la mano izquierda en la nuca. Esta posición
activa los centros de energía de vida eterna, de fe y de voluntad.
Esta posición promueve paz y relajamiento.

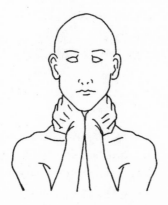

Las manos cubriendo la garganta en el centro de sabiduría y discernimiento.
Esta posición promueve el cambio y la comunicación efectiva.

Primera posición:

Las manos se colocan uniéndose en el centro de energía del corazón que es el centro de energía del Amor.

Energiza los centros de energía del Amor en el corazón. También los centros de energía de la imaginación y del perdón. Esta posición nos abre a la energía y la luz del Amor incondicional y nos mantiene conectados con ella.

Un corazón abierto al Amor se trasforma y trasforma.

Aumenta la capacidad de amar y nos lleva a amarnos a nosotros mismos. Ayuda a soltar los resentimientos y los sentimientos de culpabilidad, aumenta la compasión y la alegría de vivir. Energiza la glándula del timo, el sistema inmunológico y el drenaje linfático.

Relajar y energizar el centro de energía del corazón nos fortalece internamente y nos cura de nuestras enfermedades y escasez de dinero. Nuestras emociones se purifican en el chakra del corazón.

Inspira Amor de Dios y abandónate en sus brazos amorosos.

Afirma:

Yo abro mi mente y mi corazón al Amor
  perdonador y prosperador de Dios en Quien
  Yo Soy y me muevo.
Yo Soy el Amor de Dios en acción para siempre.
Yo Soy la esperanza de Dios en acción para
  siempre.

Yo Soy la sabiduría de Dios en acción para
siempre.

Segunda posición:
Las manos encima de la cintura. Los dedos unidos en el
centro, en el plexo solar.

Al activar y energizar este centro activamos el poder de
la fortaleza y estamos soltando el miedo y los agravios. A
la vez estamos energizando el centro de energía de la manifestación y la autoridad en el área del bazo.

El energizar el centro de energía del plexo solar aumenta inmensamente nuestra vitalidad.

Solar viene de «sol», la fuente de energía de la vida. Al
activar este centro estamos abriéndonos a irradiar Amor y
comprometiéndonos a apoyarnos a nosotros mismos y a
otros de forma continua.

Respira Amor, fe y alegría y celebra la vida viviéndola
con apasionamiento.

Este centro de energía nos impulsa a la acción dinámica sin miedo. Energiza el hígado, el bazo, el estómago y la
vesícula biliar. Armoniza. Equilibra las emociones.

Inspira el poder de Dios, siente en tu corazón cuán
poderoso eres.

Afirma:

La fortaleza de Dios en Quien Yo Soy y me
muevo me libera totalmente del miedo.
Yo Soy la paciencia de Dios en acción para
siempre.

Yo Soy la perseverancia de Dios en acción para
siempre.
Yo Soy la vida de Dios en acción para
siempre.

Tercera posición:
Las manos en la cintura. Las puntas de los dedos tocando
el área del ombligo en donde se encuentra el centro de
energía del poder de la comprensión.

Esta posición aclara la mente, aumenta la confianza y
levanta la autoestima.

Energiza el páncreas y la parte inferior del hígado. Nos
conecta con nuestro niño o niña interno.

El relajar y energizar esta área hace circular nuestra
energía a través de todo el cuerpo y nos da un sentimiento
de aceptación total de Amor de nosotros mismos, donde
estamos y como estamos.

Respira el Amor. Llénate de la alegría de vivir.
Afirma:

Yo Soy el hijo perfecto de Dios. Todas las
riquezas de la tierra me pertenecen porque mi
Dios Padre-Madre me las regala
continuamente.
Yo Soy la salud vibrante de Dios en acción para
siempre.
Yo Soy la fe de Dios en acción para siempre.
Yo Soy la belleza de Dios en acción para
siempre.

Cuarta posición:

Las manos en el área del abdomen bajo, los dedos hacia abajo unidos en el centro de energía del gozo y el entusiasmo en el área genital. Esta posición nos pone los pies sobre la tierra, reclamando nuestros derechos. Este centro de energía gobierna nuestros instintos básicos.

El energizar el centro de energía genital libera los bloqueos sexuales. Nos aclara los apetitos corporales y los deseos mentales y nos da un sentido profundo de intimidad con nosotros mismos. Nos da pasión por la vida. Libera patrones rígidos de pensamiento y acción. Nos expande y levanta en conciencia y nos libera de inhibiciones sexuales.

Energiza la vejiga, el útero, los ovarios, la glándula adrenal y gónada, la próstata y los intestinos.

Inspira inocencia y reconoce que tú eres inocente siempre.

Afirma:

Yo disfruto el placer de mi sexualidad que es
el movimiento del Amor de Dios en mi
cuerpo.
Yo Soy inocente siempre.
Yo Soy la inteligencia de Dios en acción para
siempre.
Yo Soy el pensamiento de Dios en acción para
siempre.
Yo Soy el discernimiento de Dios en acción para
siempre.

El torso

Posiciones de autoayuda:

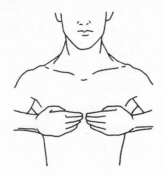

Las manos se colocan uniéndose en el centro de energía del corazón, el centro del Amor. Esta posición activa el verdadero amor incondicional y divino en nosotros. También activa el centro de la imaginación situado en la mitad del pecho.

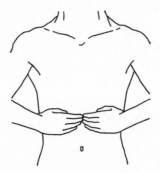

Las manos unidas en el plexo solar, centro del poder. Esta posición activa el centro de la fortaleza y el centro del poder divino. También activa el centro de poder de manifestación situado en el área del bazo.

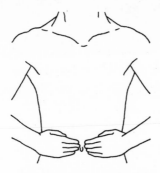

*Las manos unidas frente a la cintura. Éste es el centro
de energía de la comprensión.*

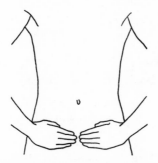

*Las manos en el área del abdomen bajo, los dedos unidos en el centro de
energía del gozo y el entusiasmo situado en el área genital. También activa el
centro del orden en el cóccix y el centro del perdón en los pies.*

Las posiciones de la espalda energizan exactamente los mismos centros de energía que las del torso, completando el proceso. Además energizan la columna vertebral y el sistema nervioso.

Primera posición:
Las manos relajadas sobre los hombros apuntando a la columna vertebral para energizarla.
Afirma:

Yo escojo vivir gozosamente.
Yo Soy la imaginación de Dios en acción para
siempre.
Yo Soy la compresión de Dios en acción para
siempre.
Yo Soy la persistencia de Dios en acción para
siempre.

Segunda posición:
Las manos en la parte alta de la espalda. Los dedos unidos en el centro. Al principio si es incómodo se puede dividir. Primero la mano derecha sobre el lado izquierdo del área del corazón. La mano izquierda en el área contraria en la espalda, la palma de la mano hacia afuera. Luego se invierte. Mano izquierda sobre el área derecha del corazón, la mano derecha en el área contraria en la espalda. Esta posición energiza la columna vertebral.

Afirma:

Yo Soy la humildad de Dios en acción para siempre.
Yo Soy la verdad de Dios en acción para siempre.
Yo Soy el orden de Dios en acción para siempre.

Tercera posición:
En el área de la cintura. Las manos unidas en el centro de la espalda energizando la columna vertebral.
Afirma:

Yo elijo ser fiel a mí mismo.
Yo Soy la perfección de Dios en acción para
    siempre.
Yo Soy el poder de Dios en acción para siempre.

Cuarta posición:
En el área de la base de la columna vertebral o cóccix. Las manos con los dedos apuntando hacia abajo unidos en el cóccix, energizando la columna vertebral.
Afirma:

Yo me perdono totalmente a mí mismo. Yo Soy
    inocente, siempre.
Yo Soy la comprensión de Dios en acción para
    siempre.
Yo Soy la voluntad de Dios en acción para
    siempre… Amén.
Al terminar la cuarta posición de la espalda
    escribe en tu frente y tu corazón la palabra
    Amor y afirma:

**La luz del Amor de Dios energiza mi vida total
para siempre... Amén.**

El tratamiento de Energía Universal del Amor energiza nuestra mente, espíritu y emociones materializados en el cuerpo, rompiendo los bloqueos de energía que no nos permiten funcionar adecuadamente en el mundo físico.

Este tratamiento nos ayuda a soltar las cargas emocionales que no nos pertenecen.

Se mantiene cada una de las doce posiciones por espacio de cinco minutos, una hora en total.

La espalda

Posiciones de autoayuda:

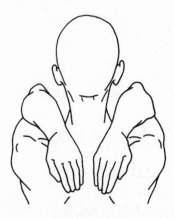

Las manos sobre los hombros. Esta posición activa la columna vertebral, el sistema nervioso y todos los centros de energía del cuerpo.

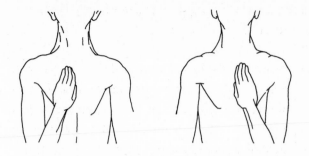

Las manos en la parte alta de la espalda. Esta posición energiza el centro de energía del corazón. Para comodidad se puede dividir en dos pasos según se ilustra en los dibujos.

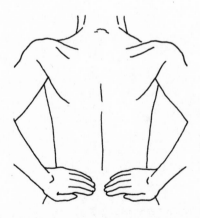

Los dedos unidos en la cintura sobre la espalda. Esta posición activa la columna vertebral y el sistema nervioso. También los centros de energía de la fortaleza, de manifestación y comprensión.

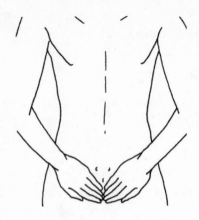

Las manos con los dedos apuntando hacia abajo unidos en el cóccix. Esta posición activa los centros de energía del gozo y el entusiasmo, el orden y el perdón.

Guía de posiciones del Toque de Amor y su influencia sobre los cuatro cuerpos

Posiciones del torso:

Físico	Emocional	Mental	Espiritual
1. Trabaja sobre el corazón, los pulmones y el timo. Activa el sistema inmunológico, la circulación y el drenaje linfático.	1. Aumenta la autoconfianza y la capacidad de amar. Libera: coraje, resentimientos, celos, hostilidad. Sentimiento de aceptación. Aleja el conformismo.	1. Serena. Aumenta la concentración. Armoniza. Activa el amor. Claridad mental.	1. Activa el centro del Amor y el perdón y los centros de vida. Activa el Amor incondicional y la alegría. Compasión, armonía.
2. Trabaja sobre el hígado, estómago, bazo, vesícula biliar y la digestión.	2. Relajación. Libera estrés. Libera temores.	2. Claridad. Ayuda a la persona a concentrarse y armonizarse.	2. Activa el centro de la fortaleza. Apertura a energías superiores. Armoniza.
3. Trabaja sobre la parte inferior del hígado, el páncreas, la vesícula biliar y la digestión.	3. Reduce estrés, frustración, ansiedad y la necesidad de manipular o controlar. Autoconfianza. Fortalece.	3. Alivia la depresión y la confusión mental. Aumenta la confianza y la autoestima.	3. Activa el centro de manifestación. Fortalece y activa la manifestación de bienestar.
4. Trabaja sobre el drenaje linfático, los intestinos, la vejiga, los ovarios, el útero y la próstata. Ayuda en migrañas, estreñimiento y diarreas. Libera toxinas.	4. Aumenta la creatividad. Libera inhibiciones sexuales. Alivia la ansiedad y las tensiones	4. Libera patrones rígidos tanto de acción como de pensamiento. Da flexibilidad y adaptabilidad.	4. Activa el centro del gozo y el entusiasmo. Expansión de la conciencia. Abre a la perspectiva universal.

Posiciones de la cabeza:

Físico	Emocional	Mental	Espiritual
1. Equilibra las glándulas pituitaria y pineal. Aumenta la visión interna. Enfermedades de ojos y senos frontales. Problemas de la nariz o mucosas, dientes y mandíbulas. Rejuvenece.	1. Desbloquea emociones. Alivia la ansiedad. Reduce el estrés. Relaja.	1. Armoniza la mente. Alivia la confusión. Aclara los pensamientos e ideas. Ayuda a la concentración. Aquieta la mente.	1. Activa el centro de la fe. Nos conecta con nuestro ser superior divino. Sabiduría y orientación internas. Apertura a energías superiores. Alertamiento espiritual.
2. Junto a la #3 alivia dolores de cabeza. Equilibra las glándulas pituitaria y pineal. Alivia los dolores físicos y mareos causados por el movimiento.	2. Equilibra los lóbulos derecho e izquierdo del cerebro. Alivia la preocupación, histeria, estrés. Promueve la serenidad. Ayuda a aliviar la depresión y a recordar sueños.	2. Aumenta la productividad y la creatividad. Claridad mental. Retención de información. Serena. Mejora la memoria.	2. Activa el centro de la voluntad. Aumenta la capacidad para recibir energías superiores. Expande la conciencia cósmica. Apertura a la vida. Visión clara.
3. Ayuda en problemas del habla, peso y visión. Trabaja sobre el cerebelo y la médula occipital. Junto con #2 alivia los dolores de cabeza y descansa los ojos. Equilibrio y coordinación.	3. Alivia el temor, la preocupación, e irritación. Reduce el estrés. Relaja. Alivia los dolores internos.	3. Aquieta el pensamiento. Sensación de bienestar. Aumenta la creatividad, la productividad y la serenidad.	3. Activa el centro de la fe. El tercer ojo. Expande la visión interna. Abre la mente a recibir energías superiores. Integra intelecto e intuición.
4. Activa la circulación. Trabaja sobre las amígdalas, garganta, laringe, tiroides, paratiroides. Equilibra el metabolismo. Equilibra la presión arterial. Activa el drenaje linfático.	4. Levanta la autoestima y alivia el coraje, hostilidad, resentimiento y frustración. Deshace la rigidez y la tensión.	4. Calma. Sensación de bienestar, claridad y estabilidad. Disponibilidad al cambio. Mejora la comunicación.	4. Activa el centro de sabiduría. Comunión con Dios. La garganta es centro de cambio y comunicación.

Posiciones de la espalda:

Físico	Emocional	Mental	Espiritual
1. Ayuda en problemas de columna vertebral, cuello y sistema nervioso.	1. Reduce el estrés. Relaja Aumenta la autoconfianza. Libera tensiones.	1. Calma. Centra. Estabiliza.	1. Activa todos los centros de energía. Nos permite recibir energías superiores. Serenidad. Flexibilidad. Agilidad mental.
2. Trabaja sobre el hígado, estómago, bazo, vesícula biliar y la digestión.	2. Relajación. Libera estrés. Libera temores.	2. Claridad. Ayuda a la persona a concentrarse y armonizarse.	2. Activa el centro de la fortaleza. Apertura a energías superiores. Armoniza.
3. Trabaja sobre la parte inferior del hígado, el páncreas, la vesícula biliar y la digestión.	3. Reduce estrés, frustración ansiedad y la necesidad de manipular o controlar. Autoconfianza. Fortalece.	3. Alivia la depresión y la confusión mental. Aumenta la confianza y la autoestima.	3. Activa el centro de manifestación. Fortalece y activa la manifestación de bienestar.
4. Trabaja sobre el drenaje linfático, los intestinos, la vejiga, los ovarios, el útero y la próstata. Ayuda en migrañas, estreñimiento y diarreas. Libera toxinas.	4. Aumenta la creatividad. Libera inhibiciones sexuales. Alivia la ansiedad y las tensiones.	4. Libera patrones rígidos tanto de acción como de pensamiento. Da flexibilidad y adaptabilidad.	4. Activa el centro del gozo y el entusiasmo. Expansión de la conciencia. Abre a la perspectiva universal.

*Mi Dios, tú eres
mi única fuente de
amor, de bienestar y de
todas las posibilidades.
Juntos te damos
gracias y decimos…
amén.*

Capítulo 12

Tratamiento de Energía de Amor

A distancia

La energía del Amor es la fuerza más potente del universo, que todo lo trasforma y hace perfecto todo lo que está torcido y ordena lo que está en desorden. La energía del Amor es todopoderosa e ilimitada y para ella no existen las distancias ni el tiempo.

El activar los centros de energía de vida en tus manos utilizando las palabras universales, te capacitas para enviar la energía de Amor adonde tú quieras no importa la distancia, ni el tiempo.

Haz una lista de todas las personas, situaciones, eventos, cosas, animales que tú quieras energizar todos los días en tu vida. Ponte en el primer lugar de la lista. A esta lista añade: todas las personas que me han pedido oración y a quienes yo les he ofrecido oración.

Todos los días después de darte tu tratamiento de Energía de Amor energizas todas esas intenciones comenzando el proceso diciéndole a tu Dios:

Mi Dios. Mi Padre-Madre: yo, _____, tu hijo perfecto, santo y rico envuelvo en tu Amor perdonador y prosperador que emana de mis manos lo siguiente:

Entonces lees tu lista de intenciones y procedes a dar el tratamiento de Energía de Amor de la siguiente manera:

Invoca la divina presencia y la presencia de tus asistentes espirituales tanto encarnados como desencarnados. Escribe con tu mano derecha en posición del Toque de Amor sobre el centro de la palma de tu mano izquierda las cuatro palabras universales reconociendo quien eres. (Los zurdos invierten las manos).

Yo Soy paz. Paz… Paz… Paz…
Yo Soy dicha. Dicha… Dicha… Dicha…
Yo Soy abundancia. Abundancia…
    Abundancia… Abundancia…
Porque Yo Soy el Cristo
El Amor. Amor… Amor… Amor…

Ahora prepara con tus dos manos en posición del Toque de Amor, separadas unos diez centímetros, tu cajita de luz, en la cual vas a energizar milagrosamente con energía de Amor todo lo que tú quieras de ahora en adelante.

Visualiza la persona o lo que quieres energizar con energía de Amor y mentalmente la metes en la cajita de luz. La mantienes ahí durante diez minutos. Para terminar el tratamiento le das gracias a tu Dios y te escribes sobre tu frente y tu corazón la palabra Amor.

Es importante que mientras das un tratamiento de Energía de Amor no te centres en ningún resultado. Tú no sabes lo que los demás necesitan, la energía sí lo sabe, déjala obrar en su infinita sabiduría. Céntrate todo el tiempo en el Ser superior de la persona que estás energizando, en la bondad de la vida y en todo lo positivo.

Ten claro que no es posible utilizar la energía de Amor para hacer daño, para manipular, o para controlar de ninguna manera. La energía de Amor desintegra los obstáculos humanos que no le permiten penetrar en la vida de una persona.

Si te das permiso para escuchar, las palabras universales se te revelan con gran claridad y te inspiran continuamente en el camino del Amor.

El Círculo de Amor

La práctica del Círculo de Amor es potentísima. Se trata de hacer un círculo de oración en unión con los seres espirituales de luz que continuamente te apoyan en tu proceso de vida, utilizando la energía del Amor incondicional que emana de los centros de energía de tus manos. Coloca una mano frente a la otra, con los dedos bien unidos para formar una cajita de luz para energizar tu vida en el Amor diariamente.

Comienza el Círculo de Amor con la siguiente afirmación:

Yo Soy el Cristo, el hijo perfecto de Dios.

Yo Soy un Ser superior divino de luz.

Yo Soy Amor.

Yo Soy uno con mi Dios y mis hermanos para
siempre en el Amor.

Todo lo que mi Dios es, lo somos yo y mis
hermanos para siempre en el Amor.

Todo lo que mi Dios tiene es mío y de mis hermanos para siempre en el Amor.

Porque yo y mis hermanos somos, nos movemos y vivimos en el Amor incondicional de nuestro Dios que es el Amor eterno para siempre.

Y porque esto es así aquí y ahora, mi Dios. Juntos te amamos, te adoramos, te alabamos, te escuchamos, te bendecimos, te recordamos, te demostramos, te glorificamos, te damos gracias y decimos… amén.

Forma ahora con tus manos tu cajita de luz de Amor. Afirma:

Yo convoco la presencia de mis asistentes
espirituales, a mi círculo de Amor diario, para
unirnos en una sola mente y un solo corazón
en el Amor de Dios para nuestro propio
bienestar y el bienestar de nuestros familiares,
nuestros seres amados, nuestros países natales,
(tu país natal), toda la humanidad, todas las
generaciones de todos los tiempos y toda la
creación.

Gracias por su santa presencia en mi vida y por el apoyo continuo que recibo de vosotros.

En la presencia de mis asistentes espirituales, yo reconozco que:

Yo Soy inocente.

Yo Soy inmortal.

Yo tengo derecho a los milagros porque yo Soy el Cristo, el hijo perfecto de Dios, libre, rico e inocente.

Reconozco también que yo y mis hermanos tenemos el poder de nuestro Dios Padre-Madre en quien yo y mis hermanos somos nos movemos y vivimos, para trasmutar totalmente en el Amor y la luz nuestras vidas para convertirlas en vidas florecientes y prosperadas.

Yo reconozco que estoy aquí y ahora, para aprender a unirme a mi Dios conscientemente y poder así romper los bloqueos que no me permiten vivir el Amor incondicional, perdonando a todo el mundo, perdonando mi pasado y mi presente y perdonándome a mí mismo totalmente.

De esta manera, habiendo trasformado mi pensamiento erróneo en el Pensamiento de Dios en quien yo y mis hermanos somos, nos movemos y vivimos, lograr el dominio de la materia, en el dominio del proceso creativo aquí y ahora. Amén.

De esta manera, unidos a Dios para siempre rodeados de su Amor y descansando totalmente, en su santa presencia, continuar creando el mundo real, feliz y abundante que Dios tiene para cada uno de sus hijos sin excepción.

En esta conciencia yo abro mi mente y mi corazón al Amor perdonador y prosperador de este círculo, para que en cada célula de mi cuerpo sea trasformada toda memoria que no sea la memoria de Dios en quien yo y mis hermanos somos nos movemos y vivimos.

Quiero traer al Amor perdonador y prosperador de este círculo nuestro pensamiento para llevarlo al pensamiento divino y aquellas áreas de nuestras vidas que necesitan más energía en este momento.

Quiero traer al Amor perdonador y prosperador de este círculo a mi país natal a todo el planeta Tierra y a toda la creación para que en todos los lugares del universo reine el Amor, la paz, la dicha y la abundancia de mi Dios, y sean iluminados con la luz de nuestro Amor perdonador y prosperador.

Quiero traer a este círculo de Amor mi Mapa de Prosperidad.

Quiero traer a este círculo de Amor a todos aquellos que han sido mis maestros en esta existencia en agradecimiento por toda la iluminación y sabiduría que han compartido conmigo.

Quiero traer a este círculo de Amor a todos aquellos que han estado y están conmigo en esta existencia, para que todas mis relaciones y todo mi pasado desde la separación se trasformen en el Amor perdonador y prosperador de este círculo. (Nómbralos con sus nombres propios).

(A mí mismo)…

(A mis seres amados)…

(A mis compañeros de trabajo)…

(A mis animales)…

Quiero traer a este círculo de Amor a:

Mi casa, mi oficina, mi coche, mis vecinos y toda el área que nos circunda, y todas las personas que lleguen a esas áreas.

Todos los lugares que yo visite en el día de hoy. Todas las personas que me encuentre en el día de hoy.

Todas las personas que me han pedido oración y a quienes yo les he ofrecido oración.

Todo aquello y todos aquellos que ya cumplieron su propósito en mi vida, los envuelvo en el Amor perdonador y prosperador de este círculo y los suelto y dejo ir hacia su mayor bienestar, éxito y prosperidad.

Yo afirmo y decreto que:

Todas las personas y todas las cosas siempre me ayudan a prosperar. Todos aquellos que no me ayudan a prosperar se van de mi vida aquí y ahora, envueltos en el Amor de Dios y llegan a mí las personas perfectas, en el momento perfecto, en el lugar perfecto y en la verdadera prosperidad… Amén.

Quiero traer a este círculo de Amor a mi cuerpo para su total sanación reclamando para mí, mi cuerpo perfecto, manifestación de la santa presencia de Dios en mi vida, este cuerpo vibrante de salud, bello, joven, hermoso, vital, sensual, ágil, flexible y lozano que camina, nada y baila en perfecta y total armonía con el universo.

Yo afirmo:

Yo Soy la vida, la salud vibrante, el Amor puro e inocente, la compasión, la juventud eterna, la fortaleza, la belleza y la perfección de mi Dios en acción para siempre... Amén.

Quiero traer a este círculo de Amor, mis finanzas, reclamando para mí y mis hermanos todo el dinero necesario para vivir con la abundancia de mi Dios en su Amor, su paz, su dicha, y su orden y en total armonía con el universo.

Reclamo para mí y mis hermanos el ingreso necesario para el desenvolvimiento de las ideas que Dios nos inspira.

Reclamo para mí mi ingreso mensual personal de _____ o más. El ingreso mensual de mi negocio de _____. Y que fluya y circule el bienestar, las bendiciones y el dinero en la vida de todos mis hermanos... Amén.

Quiero traer a este círculo de Amor mi relación con mis padres, hermanos (menciona sus nombres) y (cualquier otro familiar que tuvo impacto en tu niñez), todas las personas que han estado en mi vida desde la separación y las que están en mi vida en este momento, la persona que me recibió al nacer yo y cualquier otra relación que necesite energía de Amor en este momento.

Reclamo para mí y mis hermanos relaciones santas con personas que realmente nos aman, nos apoyan y nos prosperan.

Afirmo:

Yo Soy la inocencia, el Amor, la paz, la libertad, la dicha y la abundancia de mi Dios en acción para siempre… Amén.

En esta conciencia reclamo para mí y para cada uno de los seres de luz presente en este círculo de Amor, para mi familia, seres amados, (tu país natal) _____, toda la humanidad, todas las generaciones de todos los tiempos y toda la creación, que se cumpla en mí y en cada uno de vosotros la voluntad de nuestro Dios Padre-Madre de felicidad total, abundancia de bienes espirituales, mentales, y materiales, y vida para siempre.

Y en la certeza total de que esto es así, aquí y ahora yo acepto esta dación para cada uno de vosotros y para mí, la afirmo, la bendigo y doy gracias por ella.

Y en este instante santo yo abro mi mente a la prosperidad que es mía por derecho de conciencia, y me pongo en actitud receptiva para que llegue a mí y a todos mis hermanos, toda la abundancia de bienestar que el universo tiene para cada uno de nosotros aquí y ahora. Amén.

Gracias, mi Dios Padre-Madre, porque Yo Soy en ti y por tu luz, por tu Amor, por tu dicha, por tu paz por tu vida abundante de bienestar para siempre… Amén.

Gracias mis santos asistentes espirituales por vuestra santa presencia en mi vida. Mantengamos abierto este círculo de Amor para siempre, para que todo aquello que llega a nuestras vidas sea trasformado en el Amor de nuestro Dios que nos une en una sola mente y un solo corazón para siempre… Amén.

Se cierra el círculo dando gracias:

Y porque esto es así aquí y ahora, mi Dios.
    Juntos te amamos, te adoramos, te alabamos,
    te escuchamos, te recordamos, te
    demostramos, te bendecimos, te glorificamos,
    te damos gracias y decimos… Amén.

Te escribes la palabra Amor con las manos en la posición del Toque de Amor, sobre la frente y el corazón y afirmas:

Yo Soy tu Cristo, tu Amor. Amor… Amor.

Cómo energizar tu Mapa de Prosperidad

Energizar tu Mapa de Prosperidad todos los días es una práctica perdonadora y prosperadora porque estás activando en el Amor de Dios todos los reclamos que le haces a tu Dios en el Mapa de Prosperidad.

Después de terminar tu trabajo con tu Mapa de Prosperidad, lo cierras y escribes la palabra Amor con tu mano derecha (los zurdos, la izquierda) sobre tu corazón, luego la escribes en la contraportada y en la portada de tu Mapa de Prosperidad. Entonces sostienes el Mapa de Prosperidad entre ambas manos, con ellas en la posición del Toque de Amor, y haces cinco respiraciones en silencio.

De esta manera todas tus intenciones son energizadas diariamente en el potentísimo Amor perdonador y prosperador de tu Dios que emana de los centros de vida de tus manos.

Cómo darles energía de Amor a otros directamente

Recuerda que tú eres un poderoso ser de luz, canal de la energía divina del Amor de tu Dios, Padre-Madre, y que esa luz del Amor emana continuamente de los centros de energía de vida en el centro de las palmas de tus manos.

Tus manos son milagrosas y sanadoras. Cuando las ves desde la visión interior de tu Cristo, ves rayos poderosísimos de luz emanando de ellas. Es la luz del Amor que todo lo sana y lo trasforma y no falla nunca.

Cuando tu guía divina te indique que le des energía directamente a una persona, permite a ese maestro interno dirigir tus manos hacia el lugar en que las debes imponer. Si tienes tiempo escríbete las cuatro palabras universales en tu mano izquierda. De lo contrario escribe la palabra Amor. (Los zurdos invierten las manos).

Los puntos más potentes para trabajar energizando directamente a otros son el área del corazón, el centro del Amor; y los pies, los centros de perdón.

Mantén impuestas las manos por lo menos durante cinco minutos. Aquí también deja que tu maestro interno te guíe.

Es recomendable también preguntarle a la persona el color que necesita, y decirle que te conteste sin pensarlo. Entonces tú visualizas la energía de ese color. En el caso de que la persona no esté consciente, no te preocupes. La energía tomará el color que sea necesario.

Para ayudar a una persona a dejar su cuerpo, se le imponen las manos sobre el corazón. Si no puedes imponerle tus manos directamente en el cuerpo no te preocupes. La energía lo penetra todo.

Es necesario sin embargo que tengas bien claro que si vas a dar energía a otros, ya sea directamente o a distancia, tú te mantengas energizado con tus tratamientos diarios, porque la potencia de la energía es mayor en la medida en que te mantienes fiel a tus prácticas espirituales.

Recuerda también al dar energía a otros el no tener expectativas sobre los resultados. La Energía Universal sabe lo que cada uno necesita. Tú meramente eres su canal. Energiza la persona, situación, animal, planta o lo que sea y suéltalo a la sabiduría infinita.

Nunca recibirás nada negativo de la persona a quien energizas. Al contrario, en la medida en que energizas a otros en el Amor directamente o a distancia, te estás energizando a ti mismo y cada vez te conviertes en un canal más puro y poderoso.

La presencia
de Dios en mí hace
perfecto todo aquello
que a mí me concierne.
Juntos te damos
gracias y decimos…
amén.

Capítulo 13

Otros usos del Toque de Amor

El proceso de manifestación

Pasos a seguir:

1. Trasformar nuestro pensamiento erróneo en el pensamiento divino en nuestra preparación espiritual diaria.
2. Decidir qué anhelamos en nuestras vidas y decretarlo por escrito. Ésta es una propuesta al universo.
3. Visualizar mentalmente utilizando el Mapa de Prosperidad y la visualización creativa.
4. Afirmar nuestro bienestar con declaraciones de abundancia.
5. Entregar los detalles a Dios Padre-Madre que obrará a través de nuestro Ser superior dirigiéndonos al lugar perfecto, las personas perfectas en el momento perfecto.
6. Abrir nuestra mente a la prosperidad.

7. Ponernos receptivos al bienestar y energizarlo diariamente con el Toque de Amor y el Mapa de Prosperidad.

8. Dar gracias por el bienestar.

9. Esperar pacientemente con perseverancia y alegría la manifestación externa del bienestar.

El Toque de Amor como trasmutador del sexo

Trasmutar quiere decir cambiar, trasformar.

La activación del eros lleva a la persona a un altísimo estado de conciencia que si se sabe trabajar se convierte en un potente factor creativo. La gran ignorancia sobre la sexualidad ha distorsionado el eros, que es la fuerza creativa del universo. La mayor parte de las personas cree que el acto sexual es físico. El acto sexual es espiritual. La gran cantidad de creencias negativas sobre el sexo han llevado a las personas a suprimir la potente energía del eros. La energía que emana de las manos es eros.

El aclarar los conceptos sobre la sexualidad y el trabajo profundo con el proceso sexual individual y los tratamientos de energía llevan a la persona a ponerse en contacto con el eros, la fuerza creativa del universo utilizándola para:

1. Dar paso a entidades muy adelantadas para entrar en el plano físico.

2. Para disfrutar del placer.

3. Mejorar la salud física y mental.

4. Trasmutar la sexualidad utilizando esta potente energía para desarrollarse al máximo como seres divinos encarnados.

El cambio o trasmutación se logra elevando el pensamiento sobre el sexo a nivel sagrado, trabajando el proceso sexual individualmente para luego poderlo disfrutar con la pareja. Puede escogerse también el celibato voluntario temporal o permanente para dedicarse a crear dando expresión total al Ser superior.

Cuando la persona se pone en contacto consigo misma y reconoce sus cualidades divinas, se pone en contacto con la potente energía creativa del universo o eros que se manifiesta en un estado de dicha profundo, resultado del enamoramiento de la vida, el Ser superior real, Dios y toda la creación. El enamoramiento, sea de la vida o de una persona, activa el eros y produce el estado de dicha que lleva a la persona a desarrollar una gran claridad mental, imaginación, valor, poder de voluntad, perseverancia y una gran capacidad creativa que se manifiesta en toda su experiencia de vida. Se dice que ve la vida de color de rosa.

El eros es una potente energía motivadora que lleva al individuo a un estado elevado en el cual manifiesta sus cualidades divinas de generosidad, bondad, paciencia, tolerancia y otras. También se activa la creatividad en el arte, la música, literatura y otros. La productividad y la capacidad para manifestar dinero aumentan notablemente.

La trasmutación de la energía sexual o eros no implica la supresión ni eliminación del sexo. Lo que es necesario es un profundo trabajo interno para aprender a canalizar la energía dándole expresión no solamente en la relación pareja, sino en todas las áreas de la vida.

La energía sexual no se puede suprimir porque podrá controlarse temporalmente, pero su propia naturaleza divina la llevará a surgir para expresarse. Si no se trasmuta se expresa a niveles físicos en el acto sexual, dejando a la persona totalmente vacía.

Las personas más creativas, triunfadoras y exitosas siempre son personas que han trabajado su proceso sexual y que aun sin saberlo han aprendido el arte de la trasmutación de la sexualidad. Esto les ha llevado a desarrollar un notable poder para la acción y desenvolvimiento de ideas altamente creativas. En realidad la trasmutación de la sexualidad es la clave para el desarrollo de la habilidad creativa de la persona, manteniéndola en un gran apasionamiento y entusiasmo por la vida y un intenso deseo de superarse cada vez más y prosperar.

La trasmutación de la sexualidad es un hermoso proceso interno de conexión con la divinidad y nos garantiza el éxito total en la vida.

El Toque de Amor: la mejor herramienta para perdonar y prosperar

El Toque de Amor capacita al practicante del Arte de Ser Feliz para enviar la Energía Universal del Amor a distancia envolviendo a cualquier persona o situación en Amor y energizándola en la luz divina.

El practicante del Toque de Amor sabe que la Energía Universal del Amor trabaja siempre energizando y nutriendo todo lo que es el mundo de Dios. Esto es, el Ser superior divino en las personas y lo perfecto, bello y ordenado de toda la creación. De esta manera aumenta el poder de Dios en su hijo para que pueda superar su naturaleza humana, su pensamiento erróneo y todos los efectos de conflicto, limitación, escasez, enfermedad y muerte que este pensamiento falso ha malcreado en el mundo físico material.

El perdón en el Arte de Ser Feliz se trata de centrarnos en la visión del Cristo viendo el Cristo, el Amor y sus bondades en nosotros y cada uno de los hijos de Dios. También creando mentalmente un nuevo Mapa de Prosperidad de nuestras vidas como las queremos, en total felicidad y abundancia, no prestando atención a lo que tenemos que no anda bien. De esta manera aumentará en nosotros la energía creativa del Amor, que genera la paz interior.

Ésta se activa cuando experimentamos el sentimiento profundo de que se puede ser feliz aquí y ahora haciendo todos nuestros sueños realidad. Esta misma energía y su luz trasforma nuestro pensamiento erróneo y, como consecuencia natural, nuestra experiencia de vida florece y prospera espontáneamente. Desaparecen milagrosamente los conflictos.

Además, el Toque de Amor permite energizar diariamente toda la experiencia de vida para trasformarla de adentro hacia afuera en la Energía Universal del Amor de Dios, esto es lo que es realmente perdonar. No entra para nada el pasado en conflicto, éste se disuelve en el verdadero perdón.

Para perdonar anota en tu lista de intenciones a aquellas personas a quienes quieres perdonar empezando por ti mismo. De esta manera las estás envolviendo en la luz del Amor divino. Sin darte cuenta los resentimientos se disuelven milagrosamente. De esta manera cumples el mandato del maestro Jesús de amar a tus enemigos. De hecho no sólo los estás perdonando, sino que además los estás prosperando.

El Toque de Amor y la autodisciplina

Para lograr la autorrealización aquí y ahora, la vida de oración es lo más importante. La verdadera oración es aquella que lleva a la persona a lograr la comunión con Dios para poder vivir continuamente la divina presencia.

El Arte de Ser Feliz sugiere dedicarle por lo menos una hora diaria a Dios.

El Toque de Amor es una herramienta poderosa para ayudar a autodisciplinarse diariamente. Las doce posiciones que energizan los centros de energía se mantienen durante cinco minutos cada una, el equivalente de una hora.

Si se aprovecha esta hora para hacer silencio conjuntamente con las «afirmaciones diarias de la divinidad del Yo Soy», los resultados son milagrosos.

Se recomienda darse el tratamiento de Energía a la misma hora siempre para mantener la conexión continua con la Energía Universal activándola con las palabras universales del Amor, cada veinticuatro horas.

Cuando la persona comienza a vivir los efectos milagrosos de esta comunión, se da cuenta de la importancia que tienen las prácticas espirituales y ella misma se autodisciplina.

Cuando no nos mantenemos en comunión con Dios, nos damos cuenta porque nuestra parte humana se activa y los conflictos y los malos ratos se activan a la vez. De aquí la importancia de mantener una vida de dedicación a la oración y al estudio de la verdad teniendo siempre como prioridad las prácticas espirituales que recomienda el camino espiritual que se escoge.

Yo reconozco
y acepto la verdad.
Yo Soy un ser superior
divino de luz,
semejante a ti, mi Dios.
Juntos damos gracias
y decimos…
amén.

Capítulo 14

Carta de la autora

5:30 p. m.
Sábado 31 de enero de 1998
Cidra, Puerto Rico

Amado Ser de luz:

Te he entregado una de las más potentes herramientas que conozco para apoyarte en tu caminar hacia la total felicidad, éxito y prosperidad. Lo que más me fascina del Toque de Amor es su sencillez y lo práctico que es. En los momentos más difíciles se hace muy fácil acostarte e imponerte tus manos. Mi experiencia ha sido que ya en la primera posición del torso, cuando impongo las manos sobre mi corazón, el centro de Amor, estoy serena y viendo el momento de forma diferente. En la segunda posición del torso, en la cual impongo mis manos sobre el plexo solar, ya me siento fortalecida.

Te sugiero que seas muy disciplinado en el uso de esta herramienta tan valiosa. No dejes de darte tu tratamiento de energía todos los días, y cada vez que puedas date uno por la mañana y otro por la tarde.

Utiliza tus milagrosas y poderosas manos para perdonarte y prosperarte a ti mismo, y utilízalas para prosperar y perdonar a todas las personas que tienes en tu vida, que yo llamo tus compañeros de viaje, tu familia, tus seres amados, tus compañeros de trabajo y todas las generaciones de todos los tiempos. El poder de la energía del Amor que emana de tus milagrosas manos es infinito. Energiza tu vida total con el Toque de Amor, energiza tu país, todo el planeta y todos los universos. Esta potente herramienta se nos ha entregado para adelantar la construcción del mundo de Dios y para que muy pronto tú, yo y todos nuestros hermanos estemos disfrutando de la tierra prometida, nuestro planeta glorificado.

Si algún día te encuentras corto de tiempo es preferible que te des un tratamiento de energía más corto, es decir, acortando el tiempo de la imposición de las manos en cada posición. Porque más vale un poco de energía que ninguna. Sin embargo, no hagas una práctica de esto, ya que es importantísimo que te des el tratamiento completo. Aprovecha también cada instante en que puedas imponerte las manos: viendo la televisión, viajando en el autobús o el tren, etc. Tu Dios te ha regalado unas manos milagrosas, aprovéchalas para tu bienestar y el de todo el mundo.

Para concluir te entrego la oración que encontrarás en la próxima página, la cual te servirá de apoyo en tu camino de luz.

Te amo y te abrazo con mi Amor más profundo,

Muñeca Géigel

La verdad
sólo se puede
aceptar con una
mente serena y
despejada. Yo despejo mi
mente, me sereno y
acepto la verdad.
Juntos te damos
gracias, mi Dios, y
decimos…
amén.

Capítulo 15

Conclusión

Oración del líder de la Red de Amor de la Revolución de la Esperanza.

Respira profundamente y conéctate con el Ser superior divino que tú realmente eres. Seguro del Amor de Dios en ti, levanta alegremente tu corazón en Amor, alabanza y acción de gracias por todos los regalos que has recibido de la vida y los que vas a recibir próximamente.

Mi Dios. Mi Padre-Madre.

Este instante santo es para mí el comienzo de una nueva vida con una visión y un sueño de felicidad y prosperidad que tú quieres que yo logre. Yo confío en ti y pongo mi futuro en tus manos, dispuesto a hacer lo que sea necesario para lograr mi autorrealización aquí y ahora.

Tú, mi Dios, me has traído hasta aquí movido por tu Amor para ser parte de la red de Amor que está abriendo caminos de prosperidad para todos tus hijos en el planeta. Yo Soy parte de tu plan para la salvación de mi familia, de Puerto Rico y del mundo.

Yo te ofrezco mi vida total y permitiré que tú me dirijas siempre hacia donde tengo que caminar, y hacia las personas cuyos corazones tengo que abrir al Amor, me dirás qué rol tengo que tomar y qué palabras tengo que decir para llegar a más y más personas y tocar su corazón para ayudarlas a autorrealizarse, para que se cumpla tu voluntad para ellas de felicidad total y abundancia de bienestar espiritual y material. El apoyo en el Amor de mis seres de luz y tu voz amorosa me dirigen hacia tu ruta de éxito y prosperidad. Yo sé que cuento con tu fortaleza en mí para darle la mano a mis hermanos y sacarlos de la pobreza, la limitación y la escasez, desarrollando en ellos conciencias millonarias y, de esta manera, llevarlos a resolver todos los conflictos de dinero, de salud y relaciones en sus vidas para siempre, porque tú quieres que todos tus hijos seamos eternamente felices y prósperos.

Gracias por los seres de luz que me apoyan en el camino. Juntos caminamos cogidos de la mano, unidos en tu Amor, llevando tu paz, tu dicha, tu abundancia, tu armonía y tu orden a todos los confines de (tu país natal) y del mundo. Tú nos sostienes en nuestro caminar y en ti nos mantenemos en la alta visión de nuestros sueños felices.

Y porque esto es así aquí y ahora. Juntos te amamos, te adoramos, te alabamos, te escuchamos, te recordamos, te demostramos, te bendecimos, te glorificamos, te damos gracias y decimos… amén.

ANÓNIMO: *El Peregrino Ruso,* Editorial Espiritualidad, Madrid, España, 1976.

BACH, R.: *Juan Salvador Gaviota,* Ed. Romaire, España, 1972.

BENNER, J.: *La vida impersonal,* Kier, Argentina, 1982.

BRENNAN B. A.: *Hands of Light,* Bantam Books, 1988.

—: *Light Emerging,* Bantam Books, 1993.

CARNEGIE, D.: *Cómo ganar amigos e influir sobre las personas,* Elipse, Barcelona, 2010.

COVEY, S. R.: *Los siete hábitos de gente altamente efectiva,* Paidós, (sin fecha).

DE MELLO, A.: *Sadhana,* Editorial Sal Terrae, (sin fecha).

—: *Despertar,* Editorial P.P.C., 1995.

FRANKL, V.: *El Hombre en busca de sentido*, Herder, Barcelona, 1980.

FROMM, E.: *El arte de amar,* Paidós, Buenos Aires, Argentina, (sin fecha).

HAY, L.: *Usted puede sanar su vida,* Editorial Urano, (sin fecha).

HILL, N. y STONE, C.: *El éxito a través de una actitud mental positiva,* Herrero Hermanos, México, 1961.

HILL, N.: *Cómo hacerse rico sin preocupaciones,* Editorial Diana, México, 1981.

INGRAHAM, E. V.: *Meditación en el silencio,* Unity School of Christianity, Missouri, (sin fecha).

MILFORD, P.: *Nuestras fuerzas mentales,* Editorial Kier, Buenos Aires, Argentina (sin fecha).

MIRANDA, M.: *Despierta, todo está en ti,* Mary Miranda, Puerto Rico, 1996.

PARAMAHANSA, Y.: *Autobiografía de un yogui,* Siglo Veinte (sin fecha).

Un curso de milagros, Foundation For Inner Peace, California, 1992.

Muñeca Géigel nació en Saturce, Puerto Rico, el 20 de octubre de 1931. Estudió Artes Liberales en la Universidad Georgia Court College y en Lakewood, Nueva Jersey. En 1974 comenzó su proceso autodidáctico y se desarrolló profesionalmente en el campo del automejoramiento, la autoayuda y la motivación personal. Entre sus maestros se han destacado Ira Progoff, Bernard Jensen, Anthony Robbins, John Randolph Price, Gloria Mock, Miriam Pesante, Sondra Ray, Louise Hay y Catherine Ponder.

Desde 1983 hasta 1989 produjo y dirigió un programa de radio por el que mereció el galardón Agueybaná como el Mejor Programa de Radio en 1985. En 1992 presentó en televisión un taller/seminario denominado *El Arte de Ser Feliz*. Hacia 1987 inició su adiestramiento en el sistema tibetano llamado Reiki, y alcanzó el título de Maestra.

En la actualidad dicta conferencias en materia de automejoramiento basadas en la técnica de «El arte de ser feliz».

En sus enseñanzas postula: La única manera de eliminar la pobreza del mundo es capacitando a los individuos para ser ricos.

Contenido

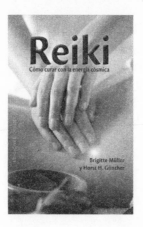

Aprende a utilizar la energía curativa de tus manos. Reiki es la energía vital universal, infinita e inagotable. Es una energía curativa que todos podemos canalizar y utilizar para la sanación mediante la imposición de manos en nuestro propio cuerpo o en otro organismo. El reiki equilibra el cuerpo y el corazón y actúa tanto a nivel físico como mental, emocional o espiritual favoreciendo la autocuración, deshaciendo bloqueos y equilibrando los centros energéticos.